国家社科基金重点项目：

“新时代中国绿色发展的内生动力与长效机制研究”（18AJY010）

教育部人文社科基金项目：

“创新驱动中国工业绿色转型研究”（17YJA790025）

China Green Development Index Report 2019:
Regional Comparison

2019

中国绿色发展指数报告

——区域比较

关成华　韩晶　著

经济日报出版社

图书在版编目（CIP）数据

2019 中国绿色发展指数报告：区域比较 / 关成华等著. --北京：经济日报出版社，2020. 3

ISBN 978-7-5196-0655-8

Ⅰ. ①2… Ⅱ. ①关… Ⅲ. ①绿色经济-经济发展-指数-研究报告-中国-2019 Ⅳ. ①F124. 5

中国版本图书馆 CIP 数据核字（2020）第 019034 号

2019 中国绿色发展指数报告：区域比较

作　者	关成华　韩　晶
责任编辑	梁沂滨
责任校对	温　海
出版发行	经济日报出版社
地　址	北京市西城区白纸坊东街 2 号 A 座综合楼 710（邮政编码：100054）
电　话	010-63567684（总编室）
	010-63584556（财经编辑部）
	010-63567687（企业与企业家史编辑部）
	010-63567683（经济与管理学术编辑部）
	010-63538621　63567692（发行部）
网　址	www. edpbook. com. cn
E-mail	edpbook@126. com
经　销	全国新华书店
印　刷	北京建宏印刷有限公司
开　本	787×1092 mm　1/16
印　张	15
字　数	189 千字
版　次	2020 年 7 月第 1 版
印　次	2020 年 7 月第 1 次印刷
书　号	ISBN 978-7-5196-0655-8
定　价	56. 00 元

课题负责人：

关成华（北京师范大学经济与资源管理研究院院长、校务委员会副主任）

韩　晶（北京师范大学经济与资源管理研究院教授、博士生导师）

课题联系人： 陈超凡

课题组成员： 陈超凡　高　铭　孙雅雯

陈　曦　田易凡　任　璐

冯　娅　姜如玥　彭安琪

裴　文

前　言

实现绿色发展，坚持“生态环境保护和资源节约高效利用”两条腿走路，既是当今世界各国的共同选择，也是我国生态文明建设的必然取向。中国经济发展进入新时代，如何通过绿色发展解决当前中国经济发展和生态环境保护之间的不平衡，对实现高质量发展具有重要意义。

作为高校内面向国家重大现实需求的新型智库，北京师范大学经济与资源管理研究院在绿色发展研究领域发挥着重要作用。近十年来，我院在绿色发展研究中秉承“理论顶天、实践落地”的原则，做了大量艰辛探索。一方面，开展了高水平的学术研究工作：我院名誉院长李晓西教授自2009年起就牵头组织专门力量开展绿色发展研究，在他亲自主持和倡导下，完成了连续9个年度的《中国绿色发展指数报告》。2018年我和韩晶教授编撰出版的《绿色发展经济学》，填补了国内外绿色发展理论研究的空白。这些学术成果，都产生了较大社会反响。绿色发展研究在我院已经蔚然成风，迄今师生累计发表相关论文160余篇，出版专著20余部。另一方面，积极推动绿色发展理念在地方治理和企业发展中得以落实。城市绿色发展科技战略研究北京市重点实验室、联合国工业发展组织绿色产业平台办公室等机构相继落户，围绕绿色发展开展的系列品牌活动取得了良好的声誉，我院已成为联结国内外政、产、学、研绿色发展相关组织的重要枢纽。正是在绿色发展的研究与实践中，各界人士热切期待我们的最新成果、呼吁能延续以往的研究，我也愈发感觉到探索绿色发展规律、找寻绿色发展的路径需要长期、系统和深入的学术探究来支撑。因此，继续撰写《中国绿色发展指数报告》既是对已有研究的深化，更是探索绿色发展规律的客观要求。

《2019 中国绿色发展指数报告——区域比较》的测度体系沿用了《2016 中国绿色发展指数报告——区域比较》中省际绿色发展指数评价指标体系，由 3 个一级指标、9 个二级指标以及 62 个三级指标构成，对 2019 中国省际绿色发展指数进行测算及分析。未来这项研究我们将继续进行，也希望能成为国家有关部门发布的生态文明建设年度评价结果的有益补充，为实现可持续发展，建设美丽中国作出积极贡献！

关成华

2019 年 12 月

目　录

CONTENTS

表 目

图 目

省际绿色发展“体检”表目录

总　论

改革开放以来，中国的经济建设取得了举世瞩目的成绩，但经济的快速增长是建立在高能耗、高排放、高污染的粗放型发展方式之上，这导致资源约束趋紧、生态环境恶化的问题口益凸显。从上地资源来看，中国耕地面积占比不高，水上流失、荒漠化沙化现象严重。截至 2018 年年底，全国共有农用地 64486.4 万公顷，其中耕地 13488.1 万公顷，园地 1421.4 万公顷，林地 25280.2 万公顷，牧草地 21932.0 万公顷；全国土壤侵蚀总面积 294.9 万平方千米，占普查总面积的 31.1%。其中，水力侵蚀面积 129.3 万平方千米，风力侵蚀面积 165.6 万平方千米；全国荒漠化土地面积 261.16 万平方千米，沙化土地面积 172.12 万平方千米。从能源资源来看，能源消耗总量巨大，对外依存度不断走高。2018 年中国全年能源消费总量 46.4 亿吨标煤，同比增长 3.3%，增速创 5 年来新高；中国原油对外依存度攀升至 71%，天然气进口量全球第一，对外依存度达 43%。从水资源来看，人均水资源占有量很低，城市缺水现象严重。2018 年中国人均水资源占有量仅为世界平均水平的 28%，正常年份全国缺水量达 500 多亿立方米，近三分之二城市存在不同程度的缺水现象。从大气污染来看，空气质量达标城市数量较少、污染形势仍然严峻。2018 年全国 338 个地级及以上城市中，仅有 121 个城市环境空气质量达标，占全部城市数的 35.8%，PM2.5、PM10、O_3 为空气重要污染物。从水污染来看，水体污染状况仍在持续。2018 年全国地表水监测的 1935 个水质断面（点位）中，Ⅰ～Ⅲ类比例为 71.0%，劣Ⅴ类比例为 6.7%。氨氮、化学需氧量为水质重要污染物。此外，中国节能减排任务依然艰巨，虽然随着经济结构和能源结构的转型，2018 年中国碳排放强度（每单位 GDP 二氧化碳排放）同 2017 年相比下降 4.0%，但2018年中国碳排放总量高达100亿吨，整体排放量仍呈现增长态势。

推进绿色发展是确保中国经济社会可持续发展的必然选择，习近平总书记指出："杀鸡取卵、竭泽而渔的发展方式走到了尽头，顺应自然、保护生态的绿色发展昭示着未来。"十九届四中全会强调"生态文明建设是关系中华民族永续发展的千年大计。必须践行绿水青山就是金山银山的理念，坚持节约资源和保护环境的基本国策，坚持节约优先、保护优先、自然恢复为主的方针，坚定走生产发展、生活富裕、生态良好的文明发展道路，建设美丽中国"。绿色发展是当前全球所有国家和地区共同面临的复杂课题，也是中国新时代高质量发展的重大任务，对实现经济发展与资源环境的有机协调，人与自然的和谐共生，推动生态文明建设迈上新台阶都具有重大意义。

当前中国正处于经济由高速增长向高质量发展转换的关键时期，我们必须要将绿色发展同高质量发展紧密结合，形成"高质量绿色发展"模式。本报告通过建立绿色发展评价指标体系，运用极差法对中国绿色发展水平进行测度和评价，希冀本报告的发布能引导各地区以国家战略和关键环节为抓手，积极制定适合本地区实际的绿色发展战略规划，共同推动中国绿色发展水平的提升，更希望借此提高公众参与环境保护的意识，让绿色发展的理念深入人心。绿色是新时代高质量发展的底色，中国必将在绿色发展的道路上稳步前进，与此同时为世界的绿色发展贡献"中国样本"。

一、中国省际绿色发展指数指标体系

中国省际绿色发展指数指标体系于2010年建立，并在2011年、2016年根据专家和社会意见，进行了一定的调整和完善，以充分反映新时代中国社会经济发展的新实践、新变化和新趋势，目前已经形成了相对稳定的指标体系。中国省际绿色发展指数（2019）仍采用此指标体系进行测算。

1. 中国省际绿色发展指数指标体系

中国省际绿色发展指数（2019）指标体系由经济增长绿化度、资源环境承载潜力和政府政策支持度3个一级指标、9个二级指标以及62个三级指标构成，具体指标如下表0-1所示：

表 0-1 中国省际绿色发展指数指标体系

一级指标	二级指标	三级指标	
经济增长绿化度	绿色增长效率指标	1、人均地区生产总值 2、单位地区生产总值能耗 3、非化石能源消费量占能源消费的比重 4、单位地区生产总值二氧化碳排量 5、单位地区生产总值二氧化硫排量	6、单位地区生产总值化学需氧量排放量 7、单位地区生产总值氮氧化物排放量 8、单位地区生产总值氨氮排放量 9、技术市场成交额占 GDP 的比重 10、人均城镇生活消费用电
	第一产业指标	11、第一产业劳动生产率 12、土地产出率	13、节灌率 14、有效灌溉面积占耕地面积比重
	第二产业指标	15、第二产业劳动生产率 16、单位工业增加值水耗 17、规模以上工业增加值能耗	18、工业固体废物综合利用率 19、工业用水重复利用率 20、六大高载能行业产值占工业总产值比重
	第三产业指标	21、第三产业劳动生产率 22、第三产业增加值比重	23、第三产业从业人员比重
资源环境承载潜力	资源丰裕与生态保护指标	24、人均水资源量 25、人均森林面积 26、森林覆盖率	27、自然保护区面积占辖区面积比重 28、湿地面积占国土面积比重 29、人均活立木总蓄积量
	环境压力与气候变化指标	30、单位土地面积二氧化碳排放量 31、人均二氧化碳排放量 32、单位土地面积二氧化硫排放量 33、人均二氧化硫排放量 34、单位土地面积化学需氧量排放量 35、人均化学需氧量排放量 36、单位土地面积氮氧化物排放量	37、人均氮氧化物排放量 38、单位土地面积氨氮排放量 39、人均氨氮排放量 40、单位耕地面积化肥施用量 41、单位耕地面积农药使用量 42、人均公路交通氮氧化物排放量

续表

一级指标	二级指标	三级指标	
政府政策支持度	绿色投资指标	43、环境保护支出占财政支出比重 44、环境污染治理投资占地区生产总值比重	45、农村人均改厕的政府投资 46、单位耕地面积退耕还林投资完成额 47、科教文卫支出占财政支出比重
	基础设施指标	48、城市人均绿地面积 49、城市用水普及率 50、城市污水处理率 51、城市生活垃圾无害化处理率 52、城市每万人拥有公交车辆	53、人均城市公共交通运营线路网长度 54、农村累计已改水受益人口占农村人口比重 55、人均互联网宽带接入端口 56、建成区绿化覆盖率
	环境治理指标	57、人均当年新增造林面积 58、工业二氧化硫去除率 59、工业废水化学需氧量去除率	60、工业氮氧化物去除率 61、工业废水氨氮去除率 62、突发环境事件次数

注：本表内容由课题组在2019年历次研讨会上讨论确定。

2. 中国省际绿色发展指数指标权重

从前期报告的实际测算结果和具体实践情况来看，此前确定的一级指标权重是科学、合理的，在经济、社会环境没有发生重大变化的条件下，2019年可以继续沿用。与此同时，由于三级指标数量较多且能从不同侧面反映绿色发展的情况，对三级指标作过分细致的权重处理意义并不大，因此，对于三级指标而言，其在一级指标下作平均权重处理更加客观合适。基于此，《2019中国省际绿色发展指数报告——区域比较》中的指标权重确定如下：一级指标权重按30%、40%、30%确定，各三级指标在一级指标下平均权重，然后“倒推加总”计算出相应的二级指标权重。

3. 中国省际绿色发展指数测算方法

中国省际绿色发展指数的测算采用“极差标准化法”（本报告统一简称为“极差法”）。需要注意的是，这一标准化过程需要区分指标与绿色发展之间相关性的正负特征。正向指标与逆向指标的标准化过程存在一定区别。具体处理过程如下：

若是正向指标，即指标值越大，越有利于地区绿色发展，则该指标标准化的计算公式为：

$$X_i = \frac{x_i - x_{\min}}{x_{\max} - x_{\min}}$$

若是逆向指标，即指标值越大，越不利于地区绿色发展，则该指标的标准化计算公式为：

$$X_i = \frac{x_{\max} - x_i}{x_{\max} - x_{\min}}$$

其中，X_i 为标准化处理之后的值；x_i 为指标原始值；$x_{\min}$ 为样本最小值；$x_{\max}$ 为样本最大值。

采用极差法进行数据标准化的好处是，以指标数据的极值为参照系，对原始数据进行线性变换，所得测算结果将会落到 0 至 1 的区间内，这样将使得数值之间差异较小、分布紧凑，且无负值产生。在经过标准化处理之后，按照确定的指标权重将各指标进行加权合成，即可得到上一级指标的综合得分。将三个一级指标加权综合后便可最终得出相应省（自治区、直辖市）的绿色发展指数。

二、中国省际绿色发展指数测算结果及分析

在中国省际绿色发展指数指标体系的基础上，我们测算得到了 2019 年除西藏外 30 个省（自治区、直辖市）的“绿色发展指数”，并进行了相应的分析。

1. 中国省际绿色发展指数测算结果

中国 30 个省（自治区、直辖市）2019 绿色发展指数及排名分别如表 0–2 所示[①]：

表 0–2 2019 中国 30 个省（自治区、直辖市）绿色发展指数值及排名

地 区	绿色发展指数		一级指标					
			经济增长绿化度		资源环境承载潜力		政府政策支持度	
	指数值	排名	指数值	排名	指数值	排名	指数值	排名
北京	0.529	1	0.183	1	0.145	5	0.201	1
内蒙古	0.412	2	0.064	20	0.179	1	0.169	3
上海	0.401	3	0.138	2	0.097	20	0.166	7
浙江	0.381	4	0.105	5	0.109	14	0.167	6
福建	0.369	5	0.100	6	0.119	11	0.150	13
山东	0.365	6	0.098	7	0.078	26	0.189	2
天津	0.362	7	0.131	3	0.089	24	0.142	18
海南	0.353	8	0.079	13	0.104	16	0.169	4
江苏	0.343	9	0.110	4	0.070	29	0.163	8
重庆	0.343	10	0.088	9	0.101	18	0.154	12
黑龙江	0.342	11	0.059	23	0.169	2	0.114	27
安徽	0.337	12	0.083	11	0.091	23	0.162	9
广西	0.336	13	0.060	22	0.132	7	0.144	17
广东	0.334	14	0.093	8	0.097	21	0.145	16
陕西	0.332	15	0.076	15	0.126	10	0.129	22
甘肃	0.330	16	0.047	29	0.163	3	0.120	25
云南	0.317	17	0.056	26	0.135	6	0.126	24
湖南	0.316	18	0.084	10	0.117	13	0.116	26
湖北	0.316	19	0.076	16	0.102	17	0.138	20
河北	0.316	20	0.077	14	0.070	28	0.168	5
贵州	0.315	21	0.052	28	0.117	12	0.145	15
江西	0.313	22	0.058	25	0.109	15	0.146	14
四川	0.312	23	0.071	18	0.132	8	0.110	28

① 由于数据等原因，西藏、香港、澳门和台湾未参与测算，以后篇章与此相同。

续表

地 区	绿色发展指数		一级指标					
			经济增长绿化度		资源环境承载潜力		政府政策支持度	
	指数值	排名	指数值	排名	指数值	排名	指数值	排名
河南	0.307	24	0.081	12	0.095	22	0.131	21
吉林	0.304	25	0.071	17	0.131	9	0.102	29
山西	0.296	26	0.069	19	0.087	25	0.139	19
青海	0.289	27	0.046	30	0.146	4	0.098	30
辽宁	0.288	28	0.063	21	0.098	19	0.128	23
宁夏	0.284	29	0.054	27	0.074	27	0.156	11
新疆	0.282	30	0.058	24	0.065	30	0.159	10

注：1. 本表根据省际绿色发展指数测算体系，依各指标 2017 年数据测算而得。2. 本表各省（自治区、直辖市）按照绿色发展指数的指数值从大到小排序。3. 本表中绿色发展指数等于经济增长绿化度、资源环境承载潜力和政府政策支持度三个一级指标指数值之和。4. 以上数据及排名根据《中国统计年鉴 2018》《中国环境统计年鉴 2018》《中国环境统计年报 2018》《中国城市统计年鉴 2018》《中国省市经济发展年鉴 2018》《中国水利统计年鉴 2018》《中国工业经济统计年鉴 2018》《中国沙漠及其治理》等测算。5. 为了便于后文进行比较分析，基于算数平均方法，课题组测算得到所有参评省（自治区、直辖市）绿色发展的平均水平为 0.338，所有参评省（自治区、直辖市）经济增长绿化度的平均水平为 0.081，所有参评省（自治区、直辖市）资源环境承载潜力的平均水平为 0.112，所有参评省（自治区、直辖市）政府政策支持度的平均水平为 0.145。

2. 中国省际绿色发展指数的区域分布与比较①

2019 中国省际绿色发展指数排在前 10 位的省（自治区、直辖市）依次是：北京、内蒙古、上海、浙江、福建、山东、天津、海南、江苏和重庆。位于第 11–20 的 10 个省（区）分别是黑龙江、安徽、广西、广东、陕西、甘肃、云南、湖南、湖北和河北。位于第 21—30 的 10 个省（区）分别是贵州、江西、四川、河南、吉林、山西、青海、辽宁、宁夏和新疆。可以看出，东部地区的绿色发展水平相对较高，多数省（自治区、直辖市）位于前列；西部地区的绿

① 本书根据“十一五”规划区域发展战略提出的四大区划即东、中、西和东北地区作为区域比较的基础。其中，东部地区包括北京、天津、河北、上海、江苏、浙江、福建、山东、广东和海南 10 省（市）；中部地区包括山西、安徽、江西、河南、湖北和湖南 6 省份；西部地区包括内蒙古、广西、重庆、四川、贵州、云南、西藏、陕西、甘肃、青海、宁夏和新疆 12 省（自治区、直辖市）；东北地区包括辽宁、吉林和黑龙江 3 省份。

色发展水平整体处于中游，西部省（自治区、直辖市）中内蒙古和重庆位居全国前 10 位；而中部和东北地区的绿色发展水平相对较弱，仅黑龙江和安徽两省位居全国前列，其他中部和东北地区的省均位列下游。

接下来，我们分别对 2019 中国省际绿色发展指数以及经济增长绿化度、资源环境承载潜力和政府政策支持度三个分指数逐一进行分区域对比分析。

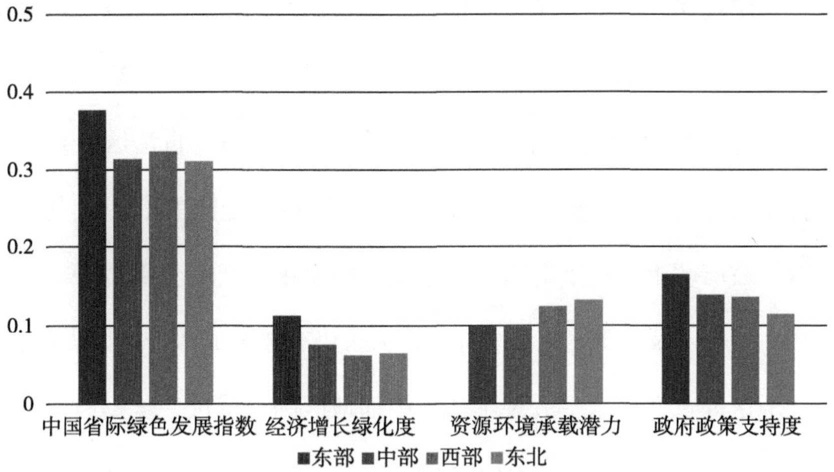

图 0-1　2019 中国省际绿色发展指数区域比较

注：图中数据为四大区域各省（自治区、直辖市）指标的算术平均值。

东部地区经济增长绿化度及政府政策支持度相对优势明显，因此绿色发展指数排名靠前。总指数方面，东部 10 个省（自治区、直辖市）中，除河北、广东以外，其余 8 个省（自治区、直辖市）排名均位居全国前 10，除河北、广东的绿色发展水平低于全国平均水平外，其余 8 个省（自治区、直辖市）均高于全国平均水平。经济增长绿化度方面，东部 10 个省（自治区、直辖市）中仅海南和河北排名位居全国前 10 以外，其余各省（自治区、直辖市）分别位居第 1 至第 8 位。资源环境承载潜力方面，东部 10 个省（自治区、直辖市）中仅北京排名位居全国前 10，其余 9 个省（自治区、直辖市）位居全国前 10 以外，东部地区受资源环境的约束较为明显，多数省（自治区、直辖市）资源环境承载潜力相对较弱。政府政策支持度方面，东部 10 个省（市）有 7 个排名位居全国前 10，仅天津、福建和广东排名相对靠后，位于中游。

西部地区经济增长绿化度及政府政策支持度相对较低，但资源环境承载潜力表现较为突出。总指数方面，西部 11 个参评的省（自治区、直辖市）仅内蒙古、重庆排名全国前 10 位，广西、陕西分别位居第 12、15，其余各省（自治区）排名则位居全国中下游。西部各省（自治区、直辖市）资源环境承载潜力表现较好，有 6 个省（自治区、直辖市）位居全国前 10，3 个省位居第 11 至 20，仅宁夏、新疆排名在全国 20 位以后。西部各省（自治区、直辖市）经济增长绿化度与其他地区相比最为落后，仅重庆位于全国前 10，其他各省区位于中下游。政府政策支持度取得一定进步，内蒙古和新疆分别位于全国排名第 3 和第 10，但仍不及东部省（直辖市），未来仍有较大的提升空间。

东北地区绿色发展水平表现不佳，中部地区则有待进一步提高。总指数方面，东北三省仅黑龙江排名全国第 11 位，吉林和辽宁分别位于第 25 和第 28，而中部六省中，仅安徽、湖南、湖北位于全国前 20，分别位于第 12、第 18 和第 19 位，其余省全部位于 21 至 30 位之间，绿色发展水平处于全国中下游。东北地区在经济增长绿化度和政府政策支持度方面落后于其他省（自治区、直辖市），而中部地区仍需在政府政策支持度和资源环境承载力方面，加大力度进行改善。

从 2019 中国省级绿色发展指数排名比较来看，在参与测算的 30 个省（自治区、直辖市）中，有 11 个省（自治区、直辖市）绿色发展水平高于全国平均水平，按指数值高低排序依次是：北京、内蒙古、上海、浙江、福建、山东、天津、海南、江苏、重庆和黑龙江；其他 19 个省（自治区）的绿色发展水平低于全国平均水平（见图 0–2）。

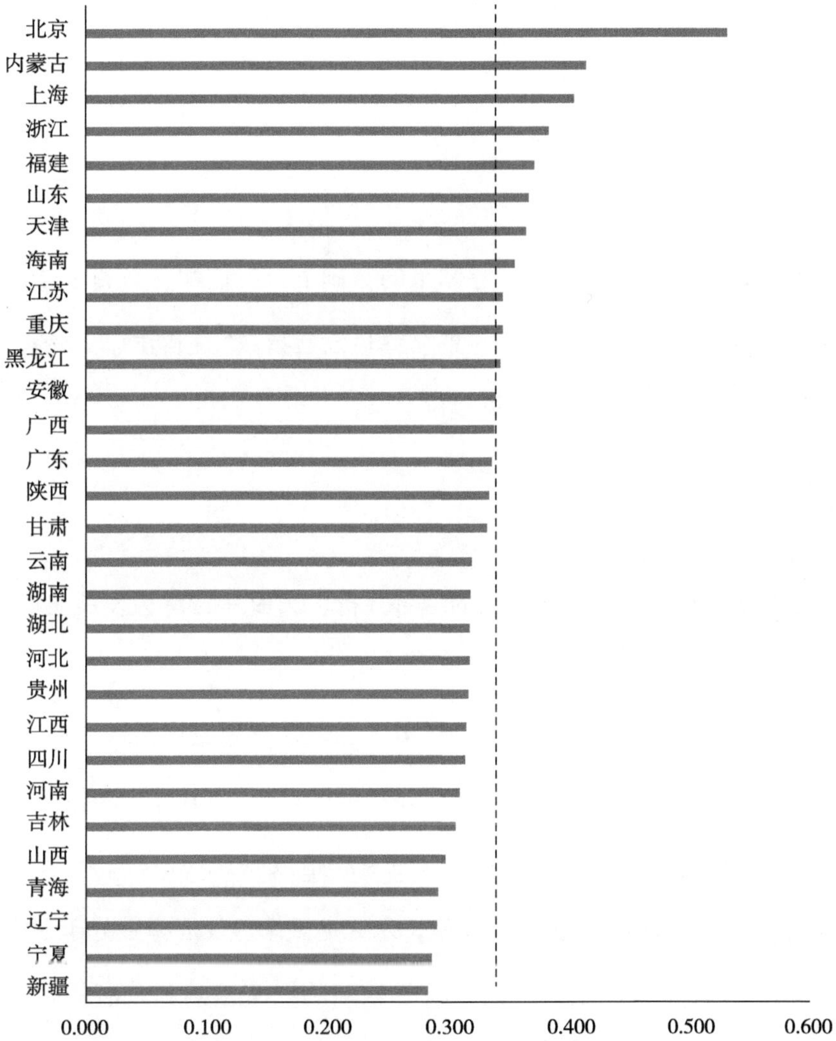

图 0–2　2019 中国省际绿色发展指数排名比较

注：本图根据表 0–2 制作。指数值由高到低排列，虚线表示所有参评省（自治区、直辖市）绿色发展指数的平均值 0.338。

与 2018 年绿色发展指数报告对比，排在前 10 位的省（自治区、直辖市）排名仍位于前列，只是个别地区排名位次有所变动。2018 排名全国前 10 位的省（自治区、直辖市），在 2019 年有 9 个省（自治区）排名仍在前 10 位，黑龙江和重庆取代海南和广东进入前 10 位；而 2018 排名全国后 10 位的省（区），则有 8 个仍旧出现在 2019 年排名后 10 位之中，只有湖南和甘肃稍有变动，在

2019 年取代四川和吉林，排名升入全国第 10 至 20 位。

三、核心发现与政策建议

在中国省际绿色发展指数指标体系的基础上，我们测算分析了 2019 年除西藏外 30 个省（自治区、直辖市）的“绿色发展指数”，得出以下核心发现并提出提升我国绿色发展水平的政策建议。

1. 核心发现

通过对中国省际绿色发展指数的综合分析，2019 中国绿色发展显示出如下特征：

第一，绿色发展水平区域间梯度差异明显。从绿色发展指数地理区域划分的角度看，中国绿色发展水平表现出明显的地区差异，2019 东部地区绿色发展指数以 0.375 稳居第 1 位，西部地区绿色发展指数以 0.323 位居第 2 位，中部地区绿色发展指数以 0.314 位居第 3 位，东北地区绿色发展指数处于最后一位，仅为 0.311。具体来看，东部地区得益于较强的经济基础和政府的高度支持，预计未来仍将保持领先位势并进一步拉大与其余地区的差距；西部地区得益于丰厚的资源环境禀赋不断提升绿色发展水平，而排名靠后的中部、东北地区受制于较差的经济基础和相对脆弱的生态环境，其绿色发展水平的快速提升受到一定限制。

第二，经济发展水平同绿色发展水平相关度较大。经济增长绿化度是对一个地区经济发展过程中绿色程度的综合评价，一个地区的经济增长绿化度会在一定程度上对该地区整体的绿色发展水平产生较大影响。2019 东部地区经济增长绿化度指数为 0.111，中部地区经济增长绿化度指数为 0.075，西部地区经济增长绿化度指数为 0.061，东北地区经济增长绿化度指数为 0.064，经济增长绿化度总体呈现东部较好、中部居中，西部和东北地区偏低的空间分异格局。具体到经济增长绿化度的四个细分指标来看，东部地区也均高于其他三个地区。一般来说，经济越发达地区，其经济增长绿化度相对较高，它对绿色发展指数水平的贡献也相对较大；反之，经济越落后地区，其经济增长绿化度相对较低，它对绿色发展指数水平的贡献也相对较小，经济发展水平同绿色发展水平呈现出一定的正相关关系。

第三，资源环境承载潜力对绿色发展水平贡献较低。资源环境承载潜力衡量的是一个地区资源丰裕、生态保护、环境压力与气候变化等对今后经济发展和人类活动的承载能力，是绿色发展的重要内涵之一。2019 东部地区资源环境承载潜力指数为 0.097，中部地区资源环境承载潜力指数为 0.100，西部地区资源环境承载潜力指数为 0.124，东北地区资源环境承载潜力指数为 0.132。东北地区和西部地区明显好于东部地区和中部地区。从细分指标资源丰裕与生态保护来看，资源丰裕与生态保护指标排名较为靠前的省份，其资源环境承载潜力也相对较大，这在一定程度上表明资源环境承载潜力的区域差异主要来自资源丰裕与生态保护方面，但不少资源环境承载潜力较高的地区（如甘肃），其绿色发展水平往往低于资源环境承载潜力较低的地区（如天津），原因在于这些资源环境承载潜力较高的地区尚未将资源环境禀赋优势转换为经济社会发展动力，加之经济增长绿化度和政府政策支持度对绿色发展的促进效应微弱，最终阻碍了绿色发展水平的提升。

第四，政府政策支持与绿色发展水平密切相关。政府政策支持度可以客观反映各地区政府对绿色发展的重视程度和支持力度，是绿色发展的重要组成部分。2019 东部地区政府政策支持度指数为 0.166，中部地区政府政策支持度指数为 0.139，西部地区政府政策支持度指数为 0.137，东北地区政府政策支持度指数为 0.115，政府政策支持度整体呈现出东部最好，中、西部较好，东北地区偏低的局面。从政府政策支持度的细分指标来看，各地区在绿色投资、基础设施、环境治理方面的优势与短板不尽相同。就绿色投资指标来说，东部地区（0.025）和东北地区（0.014）低于全国平均水平（0.0266），中部地区（0.0273）和西部地区（0.031）均高于全国平均水平；就基础设施指标来说，东部地区（0.083）明显高于全国平均水平（0.064），中部地区（0.057）、西部地区（0.054）和东北地区（0.053）均低于全国平均水平；就环境治理指标来说，东部地区（0.058）、中部地区（0.055）均高于全国平均水平（0.054），西部地区（0.053）略低于全国平均水平，东北地区（0.048）明显低于全国平均水平。

事实上，政府在地区的绿色发展中扮演着规划者、引领者、监管者和示范者的角色，政府政策支持和实施力度的差异，直接影响着绿色发展水平的排序。一般来说，政府政策支持度越高的地区，其绿色发展水平就相对较高，反之，政府政策支持度较低的地区，其绿色发展水平也相对较低。

2. 政策建议

基于以上中国绿色发展的实际情况，未来中国绿色发展的提升路径应该是：促进四大区域发展“新协同”，推进产业绿色转型“新模式”，实现绿色技术创新“新引领”，释放政府政策支持“新活力”。

第一，促进四大区域发展“新协同”。首先，对于绿色发展水平较高的东部地区，要利用先发优势辐射带动中西部地区和东北地区的绿色发展。依托“飞地”模式为区域之间绿色产业转移、绿色技术研发、绿色基础设施共建等提供制度通道和空间依托，促进更大范围、更深层次的区域合作，缩小地区间绿色发展水平的差距。其次，对于绿色发展进程较慢的中部地区，要充分发挥其承东启西、连南通北的区位优势，制定适合本地区的绿色发展战略规划，建立健全区域污染联防联控机制以及“一江、两河、三湖”的流域生态补偿机制，严格把控承接产业转移的环保准入门槛，全面提升绿色发展水平。最后，对于拥有丰富资源禀赋的西部地区和东北地区，要把握新时代社会主义现代化对生态文明建设的战略要求和契机，将生态成本引入绿色发展的顶层设计之中。同时加大力度培育非资源型产业重点项目，合理规划非资源型产业布局，通过产业链条延伸、产业战略重组、发展新优势产业等方式逐渐降低对资源的依赖程度。

第二，推进产业绿色转型“新模式”。首先，化解过剩产能，推动传统产业转型升级。加快淘汰落后低端过剩产能，完善和优化资本密集型企业的市场准入和退出门槛，杜绝重复建设，将资源高效利用、环境保护以及污染治理的绿色发展理念贯穿于传统产业发展活动的全过程。同时大力研发清洁技术和绿色工艺，并以此创造新的经济增长点，推动传统产业向低耗、高效的方向转型升级。其次，引导绿色消费行为，刺激绿色消费需求。政府要培养公众的绿色环保意识，普及绿色消费理念。同时加强对绿色产品销售的支持力度，适当运用减免税收、发放津贴等方式降低绿色产品价格，增强绿色产品在市场中的竞争力。最后，培育壮大龙头企业，扩宽绿色产业融资渠道。加快绿色产业体系的建立离不开龙头企业，而要做大做强龙头企业，需要大力推进技术改造与升级，提高品牌的知名度，扩大产品市场份额，进而发挥辐射作用，带动整个行业的快速发展。同时，培育绿色产业需要投入大量的资金，不能单单依靠政府的财政支持，还要通过建立系统有效的绿色金融体系，充分调动私人投资和社会投资进入绿色产业的积极性，不断扩宽绿色产业的融资渠道。

第三，实现绿色技术创新“新引领”。首先，不断加大对绿色技术创新的投入力度。中美贸易摩擦给我们留下深刻启示，即核心技术的获取必须要依靠独立自主研发，单纯依靠外部市场具有相当大的不稳定性。因此必须进一步加大对绿色核心技术研发的投入力度，提升科研经费使用效率，不断为绿色技术创新注入活力。其次，强化企业在绿色技术创新中的主体地位。各级政府要加大对企业绿色技术创新的支持力度，充分发挥市场机制的作用让更多拥有核心专业技术、自主研发能力强的企业真正参与并主导绿色技术创新，解决目前科研与产业脱节的困境，提升绿色科技创新成果的转化效率。最后，引导绿色技术创新方向。绿色科技创新要以市场需求为导向，逐渐摆脱现有以传统的末端治理为目标的绿色技术创新标准，不断对标国际先进水平，突破在替代能源、清洁生产、节能减排等方面的技术障碍，将绿色技术创新持续应用于生产的全过程，切实提高绿色技术创新能力。

第四，释放政府政策支持“新活力”。首先，将绿色发展效率指标纳入政府的政绩考核。各级政府应把与绿色发展密切相关的一些指标，如资源消耗、环境保护、生态效益等，纳入官员晋升的综合评价体系之中，强化污染减排目标责任考核。对排放污染造成严重后果的，依法追究刑事责任，从而使绿色发展理念对各级干部的行为形成有效的正向激励，使绿色发展成为干部政绩的主旋律。其次，建立健全生态环境补偿机制。生态补偿要坚持谁污染谁治理、谁破坏谁恢复、谁受益谁付费的原则。对生态环境造成负外部性的企业或个人必须缴纳一定补偿费用或修复其对生态环境造成的损害；从良好的生态环境中受益的企业或个人也应适当付费并自觉履行应尽的环保义务，从而逐步建立公平公正、积极有效的生态环境补偿机制。最后，完善绿色发展的公众监督机制。各级政府要通过建立切实有效的法律法规，明确和细化公众监督的权利和义务，增强公众监督的权威性，提升公众在地区绿色发展中的话语权，同时积极扩宽公众参与地区绿色发展的监督渠道，通过举行座谈会、听证会或者利用政府网站和社会媒体等方式听取社会各界的建议，调动公众参与绿色监督的积极性。

四、本报告的框架结构及分析重点

《2019 中国绿色发展指数报告——区域比较》对 30 个省（自治区、直辖市）2019 年度的绿色发展进行了测度、分析和专题研究，并针对中国绿色发展指数测度结果提出了新时代中国绿色发展战略，本报告框架如下：

“总论”重点介绍了 2019 中国绿色发展指数指标体系及测度方法，展示了 30 个省（自治区、直辖市）的测算结果及排序，并对报告的整体框架进行了分析。

报告的主体内容为四章。第一章、第二章和第三章分别为 2019 省际经济增长绿化度测算及分析、2019 省际资源环境承载力测算及分析和 2019 省际政府政策支持度测算及分析，第四章为新时代中国绿色发展的战略研究。

第一章

省际经济增长绿化度测算及分析

作为绿色发展指数的重要内涵之一，经济增长绿化度是对一个地区经济发展过程中绿色程度的综合评价。本章根据“中国省际绿色发展指数指标体系”中经济增长绿化度的测度标准，利用 2017 年的年度数据，从绿色增长效率和三次产业等四个角度分别对中国 30 个省（自治区、直辖市）经济增长绿化度指数进行了测度及分析。

一、省际经济增长绿化度的测算结果

根据“中国省际绿色发展指数指标体系”中经济增长绿化度的测度体系和权重标准，中国 30 个省（自治区、直辖市）2019 经济增长绿化度指数及排名如表 1-1 所示。

表 1-1　2019 中国 30 个省（自治区、直辖市）经济增长绿化度指数值及排名

指标	经济增长绿化度		二级指标							
			绿色增长效率指标		第一产业指标		第二产业指标		第三产业指标	
地区	指数值	排名	指数值	排名	指数值	排名	指数值	排名	指数值	排名
北京	0.183	1	0.076	1	0.034	1	0.044	2	0.028	1
上海	0.138	2	0.056	2	0.026	5	0.034	5	0.022	2
天津	0.131	3	0.045	3	0.020	8	0.048	1	0.017	3
江苏	0.110	4	0.041	4	0.028	4	0.029	9	0.011	10
浙江	0.105	5	0.038	5	0.029	3	0.027	12	0.012	7
福建	0.100	6	0.035	7	0.031	2	0.026	14	0.008	19
山东	0.098	7	0.034	8	0.018	11	0.037	4	0.008	17
广东	0.093	8	0.036	6	0.019	10	0.027	11	0.011	8
重庆	0.088	9	0.031	10	0.009	26	0.037	3	0.010	11
湖南	0.084	10	0.031	12	0.013	16	0.024	16	0.015	4
安徽	0.083	11	0.031	11	0.013	15	0.033	6	0.006	24

续表

指标	经济增长绿化度		二级指标							
			绿色增长效率指标		第一产业指标		第二产业指标		第三产业指标	
河南	0.081	12	0.033	9	0.012	19	0.030	8	0.005	29
海南	0.079	13	0.026	18	0.022	7	0.018	23	0.012	5
河北	0.077	14	0.022	21	0.018	12	0.031	7	0.006	25
陕西	0.076	15	0.030	14	0.014	13	0.027	13	0.006	27
湖北	0.076	16	0.030	13	0.012	20	0.026	15	0.008	21
吉林	0.071	17	0.030	15	0.005	30	0.028	10	0.009	14
四川	0.071	18	0.029	16	0.013	14	0.020	20	0.008	16
山西	0.069	19	0.017	27	0.020	9	0.023	18	0.010	13
内蒙古	0.064	20	0.020	25	0.012	22	0.022	19	0.010	12
辽宁	0.063	21	0.021	24	0.012	21	0.019	21	0.011	9
广西	0.060	22	0.024	20	0.012	18	0.017	24	0.006	28
黑龙江	0.059	23	0.021	23	0.011	23	0.014	27	0.012	6
新疆	0.058	24	0.010	30	0.025	6	0.015	26	0.008	18
江西	0.058	25	0.028	17	0.013	17	0.011	29	0.006	26
云南	0.056	26	0.026	19	0.007	28	0.016	25	0.007	23
宁夏	0.054	27	0.017	29	0.010	24	0.019	22	0.008	20
贵州	0.052	28	0.018	26	0.006	29	0.023	17	0.005	30
甘肃	0.047	29	0.022	22	0.007	27	0.009	30	0.009	15
青海	0.046	30	0.017	28	0.010	25	0.012	28	0.008	22

注：1. 本表根据“中国省际绿色发展指数指标体系”中经济增长绿化度的指标体系，依各指标 2017 年数据测算而得。2. 本表各省（自治区、直辖市）按照经济增长绿化度的指数值从大到小排序。3. 本表一级指标经济增长绿化度指数等于绿色增长效率指标、第一产业指标、第二产业指标、第三产业指标四个二级指标指数值之和。4. 以上数据及排名根据《中国统计年鉴 2018》《中国环境统计年鉴 2018》《中国环境统计年报 2015》《中国城市统计年鉴 2018》《中国水利统计年鉴 2018》《中国工业经济统计年鉴 2018》《中国沙漠及其治理》等测算。5. 为了便于后文进行比较分析，基于算术平均方法，课题组测算得到 30 个参评省（自治区、直辖市）的经济增长绿化度的平均水平为 0.081，绿色增长效率指标的平均水平为 0.030，第一产业指标的平均水平为 0.016，第二产业指标的平均水平为 0.025，第三产业指标的平均水平为 0.010。

从表 1–1 中可以看到，经济增长绿化度指数排名前 10 位的省（市）依次是：北京、上海、天津、江苏、浙江、福建、山东、广东、重庆和湖南（排序见图 1–1）。其中，绿色增长效率指标排名前 10 位的省（直辖市）依次是：北京、上海、天津、江苏、浙江、广东、福建、山东、河南和重庆；第一产业指标排名前 10 位的省（自治区、直辖市）依次是：北京、福建、浙江、江苏、上海、新疆、海南、天津、山西和广东；第二产业指标排名前 10 位的省（直辖市）依次是：天津、北京、重庆、山东、上海、安徽、河北、河南、江苏和吉林；第三产业指标排名前 10 位的省（直辖市）依次是：北京、上海、天津、湖南、海南、黑龙江、浙江、广东、辽宁和江苏。

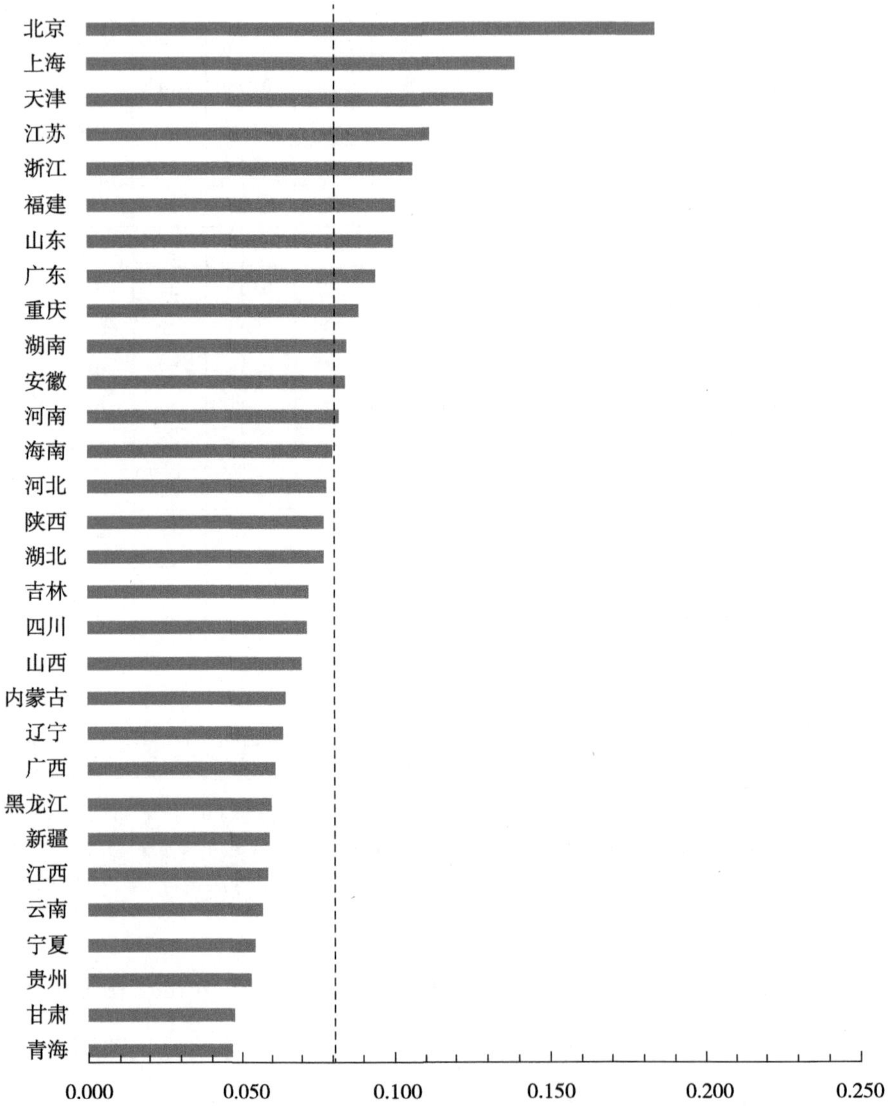

图 1–1　2019 中国经济增长绿化度排名省际比较

注：本图根据表 1–1 制作。指数值由高到低排列，虚线表示所有参评省（自治区、直辖市）绿色发展指数的平均值 0.081。

结合图 1–1 和表 1–1，下面进一步从区域间经济增长绿化度的差异、区域内部经济增长绿化度的差异以及经济增长绿化度对绿色发展的影响三个方面进行分析。

1. 经济增长绿化度区域间差异分析

从经济增长绿化度的区域分布来看，经济增长绿化度总体呈现东部较好、中部居中，东北地区和西部偏低的局面（图 1–2）。在东部地区的 10 个省（直辖市）中，排在前 10 位的有 8 个，海南、河北分别排在第 13、14 位。其中，北京以 0.183 的高分居全国第 1 位。从各项指标来看，除第二产业指标外，北京在绿色增长效率指标、第一、三产业指标上的指数值均排在全国首位，整体较好。中部六省中，江西排名最为靠后，列第 25 位，其余五省排在第 10—19 位，处于中等水平；东北三省辽宁、吉林、黑龙江的排名分别为第 21、17 和 23 位，位次居中偏后；西部地区的 11 个（除西藏外）参评省（自治区、直辖市）中，除重庆排在第 9 位、陕西排在第 15 位、四川排在第 18 位以外，其他 8 个省（自治区）排在第 20—30 位，依次为内蒙古、广西、新疆、云南、宁夏、贵州、甘肃和青海，整体排名靠后。

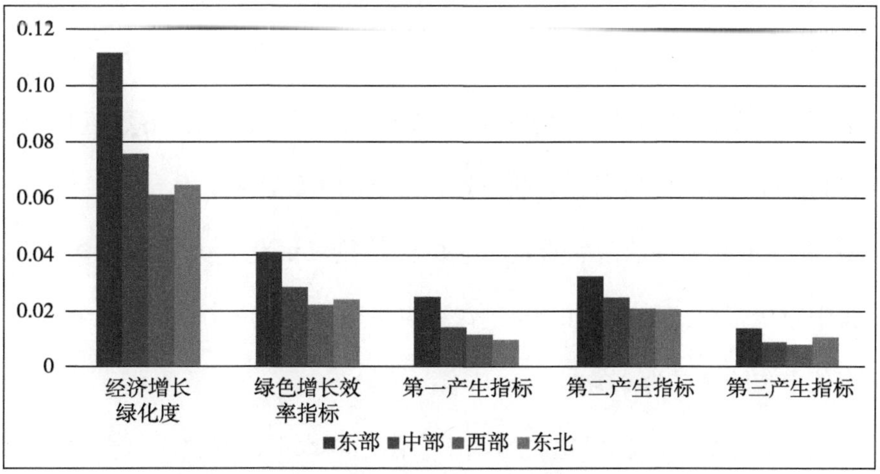

图 1–2　2019 中国四大区域经济增长绿化度对照图

注：上图中数据为四大区域中各省（自治区、直辖市）指标值的算术平均值。

就经济增长绿化度的 4 个分指标而言，区域间的差异也非常显著。绿色增长效率指标区域间差异最大，西部地区远落后于东部地区，而中部地区和东北地区均低于全国平均水平，位于东部地区与西部地区之间。第一产业指标特点有所不同，东部地区明显高于其他地区，但东北地区、西部地区和中部地区呈阶梯状上升，中部、西部和东北地区均低于全国平均水平。第二产业指标的区域差异相对较小，东部地区情况较好，高于全国平均水平，而中部、西部和东北地区略低于全国平均水平。第三产业指标的情况：东部地区明显高于其他地区，西部地区、中部地区和东北地区呈阶梯状上升，中部、西部和东北地区接近于全国平均水平。

2. 区域内部经济增长绿化度的差异分析

从四大区域内各省（自治区、直辖市）的情况看，区域内部经济增长绿化度情况较为相似。东部 10 个省（直辖市）除海南省和河北省外其余省（直辖市）的经济增长绿化度均高于全国平均水平，分列全国第 1–8 位；河北省指数值为 0.077，比北京低 0.106，列第 14 位；海南省指数值为 0.079，比北京低 0.104，列第 13 位。

中部六省的经济增长绿化度有一半低于全国平均水平，指数值介于 0.058 和 0.084 之间，指数值最高的为湖南省，最低的为江西省。

西部 11 个省（自治区、直辖市）的经济增长绿化度大多低于全国平均水平，其中重庆指数值最高为 0.088，青海省指数值最低为 0.046，排名最高最低省（直辖市）的极差为 0.042。

东北三省中经济增长绿化度均低于全国平均水平，黑龙江、吉林、辽宁指数值分别为 0.059、0.071 和 0.063。具体情况如表 1–2 所示。

表 1-2　2019 经济增长绿化度四大区域内部差异分析

区域	地区	指数值	排名	区域	地区	指数值	排名
东部	北京	0.183	1	西部	内蒙古	0.064	20
	天津	0.131	3		广西	0.060	22
	河北	0.077	14		重庆	0.088	9
	上海	0.138	2		四川	0.071	18
	江苏	0.110	4		贵州	0.052	28
	浙江	0.105	5		云南	0.056	26
	福建	0.100	6		陕西	0.076	15
	山东	0.098	7		甘肃	0.047	29
	广东	0.093	8		青海	0.046	30
	海南	0.079	13		宁夏	0.054	27
中部	山西	0.069	19		新疆	0.058	24
	安徽	0.083	11	东北	辽宁	0.063	21
	江西	0.058	25		吉林	0.071	17
	河南	0.081	12		黑龙江	0.059	23
	湖北	0.076	16	由于缺少主要测算数据，因此，西藏、香港、澳门和台湾未参与测算			
	湖南	0.084	10				

注：本表根据表 1-1 整理。

3. 经济增长绿化度对绿色发展的影响分析

对比各地区经济增长绿化度指数排序与绿色发展指数排序后发现，30 个参评省（自治区、直辖市）名次变动在 5 名及以内的省（自治区、直辖市）达 16 个，超过总参评省（自治区、直辖市）的一半。名次变动 10 个位次及以上的省（自治区）有 4 个，超过参评省（自治区、直辖市）数量的 1/8，分别是内蒙古、黑龙江、甘肃以及河南（表 1-3）。

表 1-3　2019 中国省际绿色发展指数与经济增长绿化度排名差异比较

地区	绿色发展指数排名	经济增长绿化度排名	位次变化	地区	绿色发展指数排名	经济增长绿化度排名	位次变化
北京	1	1	0	甘肃	16	29	–13
内蒙古	2	20	–18	云南	17	26	–9

续表

地区	绿色发展指数排名	经济增长绿化度排名	位次变化	地区	绿色发展指数排名	经济增长绿化度排名	位次变化
上海	3	2	1	湖南	18	10	8
浙江	4	5	–1	湖北	19	16	3
福建	5	6	–1	河北	20	14	6
山东	6	7	–1	贵州	21	28	–7
天津	7	3	4	江西	22	25	–3
海南	8	13	–5	四川	23	18	5
江苏	9	4	5	河南	24	12	12
重庆	10	9	1	吉林	25	17	8
黑龙江	11	23	–12	山西	26	19	7
安徽	12	11	1	青海	27	30	–3
广西	13	22	–9	辽宁	28	21	7
广东	14	8	6	宁夏	29	27	2
陕西	15	15	0	新疆	30	24	6

注：本表根据表 0–2 与表 1–1 整理。

经济增长绿化度是绿色发展指数的重要组成部分。从表 1–3 中可以发现，西部 11 个省（自治区、直辖市）中，除陕西的经济增长绿化度排名与其绿色发展指数排名相比没有变化外，重庆、宁夏、四川、新疆的经济增长绿化度排名领先于其绿色发展指数排名，领先位次分别为 1、2、5 和 6。其余省（自治区）经济增长绿化度排名均落后于其绿色发展指数排名，内蒙古、甘肃、广西、云南、贵州的落后位次较大，分别为 18、13、9、9、7，平均而言，西部地区经济增长绿化度排名落后于其绿色发展指数排名约 4.1 位。东部 10 个省（市）中，北京的经济增长绿化度排名与其绿色发展指数排名相比没有变化；浙江、福建、山东和海南的经济增长绿化度排名均落后于其绿色发展指数排名，落后位次分别为 1、1、1、5；其余省（直辖市）经济增长绿化度排名均领先于其绿色发展指数排名。平均而言，东部地区经济增长绿化度排名领先于其绿色发展指数排名约 1.4 位。中部六省中，江西经济增长绿化度落后于其绿色发展指数，落后位次为 3 位，其余省的经济增长绿化度排名等于或领先于其绿色发展指数排名，平均而言，中部地区经济增长绿化度排名领先于其绿色发展指数排名 4.7 位。东北三省中，除了黑龙江的经济增长绿化度落后于其绿色发展指数 12 位外，其余两省的经济增长绿化度排名都领先于其绿色发展指数排名，平均领先 1 位。这在一定程度上显示了一个地区的经济增长绿化度发展好坏将会对该地区整体的绿色发展水平产生较大的影响。一般说来经济越发达地区，其经济增长绿化度相对较高，它对绿色发展指数水平的贡献也相对较大；反之，经济越落后地区，其经济增长绿化度相对较低，它对绿色发展指数水平的贡献也相对较小，甚至拖了绿色发展指数的后腿。总而言之，提升经济增长绿化度将有助于区域的绿色发展。

二、省际经济增长绿化度比较分析

省际经济增长绿化度指数占绿色发展指数总权重的 30%，共由 23 个三级指标构成，正指标 13 个，逆指标 10 个。其中参与测算的指标有 20 个。

1. 绿色增长效率指标比较

在省际经济增长绿化度测度体系中，绿色增长效率指标占经济增长绿化度指数的权重为 43.5%，占绿色发展指数的 13%，相对于其他 3 个指标，这一指标对经济增长绿化度指数的贡献较大。从指标构成来看，绿色增长效率指标主要是由表 1–4 中的 10 个指标加权组合而成。

表 1–4　2019 中国省际绿色增长效率三级指标、权重及指标属性

指标序号	指标	权重	指标属性
1	人均地区生产总值	1.30%	正
2	单位地区生产总值能耗	1.30%	逆
3	非化石能源消费量占能源消费量的比重	1.30%	正
4	单位地区生产总值二氧化碳排放量	1.30%	逆
5	单位地区生产总值二氧化硫排放量	1.30%	逆
6	单位地区生产总值化学需氧量排放量	1.30%	逆
7	单位地区生产总值氮氧化物排放量	1.30%	逆
8	单位地区生产总值氨氮排放量	1.30%	逆
9	技术市场成交额占 GDP 的比重	1.30%	正
10	人均城镇生活消费用电	1.30%	逆

注：本表内容是由本报告课题组召开的多次研讨会确定的。

绿色增长效率指标的 10 个三级指标的权重均为 1.30%，其中，由于缺少部分省（自治区、直辖市）的数据，故指标 3 未参与测算；指标 4“单位地区生产总值二氧化碳排放量”由于缺少部分省（自治区、直辖市）的数据，未参与测算。在绿色增长效率指标中，10 个三级指标相互补充但又有所侧重，以期达到对各地区绿色增长效率进行综合测度和评价的目的。

从表 1–5 和图 1–3 中可以发现，绿色增长效率指标的前 10 名分别是北京、上海、天津、江苏、浙江、广东、福建、山东、河南和重庆，其中除了河南、重庆外，其余 8 个均为东部省（直辖市）。绿色增长效率指标第 11—20 位的省（自治区、直辖市）依次是安徽、湖南、湖北、陕西、吉林、四川、江西、海南、云南、广西。其中中部地区 4 个，西部地区省（自治区）4 个，东北地区 1 个，东部地区 1 个。绿色增长效率指标第 21—30 位的省（自治区）依次是河北、甘肃、黑龙江、辽宁、内蒙古、贵州、山西、青海、宁夏和新疆。绿色增长效率指标的后 10 位省（自治区、直辖市）中，其中东北地区 2 个，中部地区 2 个，河北是唯一的东部地区省份，其余 5 个省（自治区）都来自西部地区。

表 1–5　2019 中国省际绿色增长效率指标指数值及排名

地区	指数值	排名	地区	指数值	排名
北京	0.076	1	四川	0.029	16
上海	0.056	2	江西	0.028	17
天津	0.045	3	海南	0.026	18
江苏	0.041	4	云南	0.026	19
浙江	0.038	5	广西	0.024	20
广东	0.036	6	河北	0.022	21
福建	0.035	7	甘肃	0.022	22
山东	0.034	8	黑龙江	0.021	23
河南	0.033	9	辽宁	0.021	24
重庆	0.031	10	内蒙古	0.020	25
安徽	0.031	11	贵州	0.018	26
湖南	0.031	12	山西	0.017	27
湖北	0.030	13	青海	0.017	28
陕西	0.030	14	宁夏	0.017	29
吉林	0.030	15	新疆	0.010	30

注：1. 以上数据及排名根据《中国统计年鉴 2018》《中国环境统计年鉴 2018》《中国环境统计年报 2015》《中国城市统计年鉴 2018》《中国水利统计年鉴 2018》《中国工业经济统计年鉴 2018》《中国沙漠及其治理》等测算。2. 为了便于后文进行比较分析，基于算术平均方法，我们测算得到 30 个参评省（自治区、直辖市）的绿色增长效率指标的平均水平为 0.030。

如图 1–3 所示，在绿色增长效率指标中，东部省（直辖市）整体较好，除河北、海南外其余省（自治区、直辖市）均高于全国平均水平，但内部差距较大，北京以 0.076 的绝对优势遥遥领先于其他省（直辖市）；中部六省内部差异不大且均值为 0.028，略低于全国平均水平；西部地区整体偏低，且内部具有一定的差异，重庆、陕西、四川指数值分别为 0.031、0.030、0.029，分别位列全国第 10、14 和 16，而新疆指数值 0.010，位列全国第 30；东北三省内部整体差异不大，均低于全国平均水平。

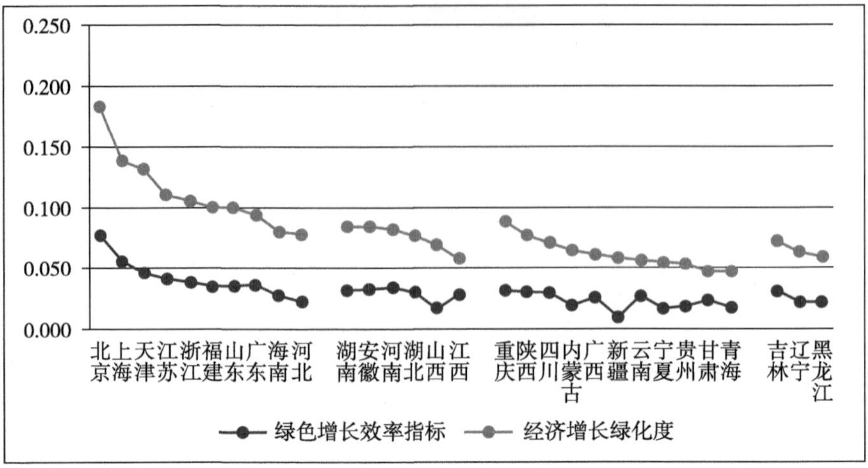

图 1-3　2019 中国省际绿色增长效率指标与经济增长绿化度指数对比

注：本表从东部、中部、西部和东北地区划分的角度，根据经济增长绿化度指数大小自左到右排列。

2. 第一产业指标比较

在经济增长绿化度测算体系中，第一产业指标占经济增长绿化度指数的权重为 17.4%，共由 4 个三级指标构成（见表 1-6），单个指标权重均为 1.30%。

表 1-6　2019 中国省际第一产业三级指标、权重及指标属性

指标序号	指标	权重	指标属性
11	第一产业劳动生产率	1.30%	正
12	土地产出率	1.30%	正
13	节灌率	1.30%	正
14	有效灌溉面积占耕地面积比重	1.30%	正

注：本表内容是由本报告课题组召开的多次研讨会确定的。

从表 1-7 和图 1-4 中可以看到，第一产业指标的前十位省（自治区、直辖市）分别是北京、福建、浙江、江苏、上海、新疆、海南、天津、山西、广东，在前十名的省（自治区、直辖市）中，除新疆为西部自治区、山西为中部省份外，其他 8 个均为东部省（直辖市）。

第一产业指标第 11—20 位的省（自治区、直辖市）依次是山东、河北、陕西、四川、安徽、湖南、江西、广西、河南、湖北。包括 2 个东部省份、5 个中部地区省份和 3 个西部地区省（自治区）。第一产业指标排名后 10 位的省（自治区、直辖市）依次为辽宁、内蒙古、黑龙江、宁夏、青海、重庆、甘肃、云南、贵州、吉林。

表 1–7 2019 中国省际第一产业指标指数值及排名

地区	指数值	排名	地区	指数值	排名
北京	0.034	1	湖南	0.013	16
福建	0.031	2	江西	0.013	17
浙江	0.029	3	广西	0.012	18
江苏	0.028	4	河南	0.012	19
上海	0.026	5	湖北	0.012	20
新疆	0.025	6	辽宁	0.012	21
海南	0.022	7	内蒙古	0.012	22
天津	0.020	8	黑龙江	0.011	23
山西	0.020	9	宁夏	0.010	24
广东	0.019	10	青海	0.010	25
山东	0.018	11	重庆	0.009	26
河北	0.018	12	甘肃	0.007	27
陕西	0.014	13	云南	0.007	28
四川	0.013	14	贵州	0.006	29
安徽	0.013	15	吉林	0.005	30

注：1. 以上数据及排名根据《中国统计年鉴 2018》《中国环境统计年鉴 2018》《中国环境统计年报 2015》《中国城市统计年鉴 2018》《中国水利统计年鉴 2018》《中国工业经济统计年鉴 2018》《中国沙漠及其治理》等测算。2. 为了便于后文进行比较分析，基于算术平均方法，我们测算得到 30 个参评省（自治区、直辖市）的第一产业指标的平均水平为 0.016。

如图 1–4 所示，在第一产业指标中，东部省（直辖市）整体较好，各省（自治区、直辖市）均高于全国平均水平，内部差距较小，北京指数值 0.034 位列第一；中部六省内部差异不大，均值为 0.014 略低于全国平均水平；东北地区整体偏低，内部差距较小，辽宁指数值 0.012，位列全国第 21，而吉林指数值 0.005，位列倒数第 1；西部地区整体偏低，且内部差异显著，新疆指数值

0.025，位列全国第 6，而贵州指数值仅为 0.006，位列全国第 29，两省区指数值极差为 0.019。

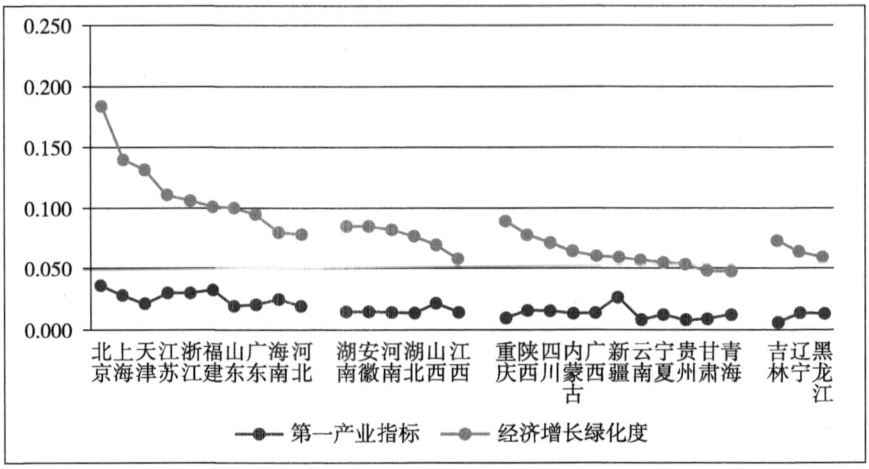

图 1–4　2019 中国省际第一产业指标与经济增长绿化度指数对比

注：本表从东部、中部、西部和东北地区划分的角度，根据经济增长绿化度指数大小自左到右排列。

3. 第二产业指标比较

在经济增长绿化度测算体系中，第二产业指标占经济增长绿化度指数的权重为 26%，由指标 15—20 共 6 个指标构成，单个指标权重均为 1.30%（见表 1–8）。

表 1–8　2019 中国省际第二产业三级指标、权重及指标属性

指标序号	指标	权重	指标属性
15	第二产业劳动生产率	1.30%	正
16	单位工业增加值水耗	1.30%	逆
17	规模以上单位工业增加值能耗	1.30%	逆
18	工业固体废物综合利用率	1.30%	正
19	工业用水重复利用率	1.30%	正
20	六大高载能行业产值占工业总产值比重	1.30%	逆

注：本表内容是由本报告课题组召开的多次研讨会确定的。

从表 1–9 以及图 1–5 中可以看到，第二产业指标的前 10 位省（自治区、直辖市）分别是天津、北京、重庆、山东、上海、安徽、河北、河南、江苏、吉林，在前十名的省（自治区、直辖市）中，重庆为西部直辖市，安徽、河南为中部省份，吉林为东北地区省份，其他6个均为东部省（直辖市）。第二产业指标第11—20位的省（自治区）依次是广东、浙江、陕西、福建、湖北、湖南、贵州、山西、内蒙古、四川。第二产业指标排名后10位的省（自治区）依次为辽宁、宁夏、海南、广西、云南、新疆、黑龙江、青海、江西、甘肃。

表1-9　2019中国省际第二产业指标指数值及排名

地区	指数值	排名	地区	指数值	排名
天津	0.048	1	湖南	0.024	16
北京	0.044	2	贵州	0.023	17
重庆	0.037	3	山西	0.023	18
山东	0.037	4	内蒙古	0.022	19
上海	0.034	5	四川	0.020	20
安徽	0.033	6	辽宁	0.019	21
河北	0.031	7	宁夏	0.019	22
河南	0.030	8	海南	0.018	23
江苏	0.029	9	广西	0.017	24
吉林	0.028	10	云南	0.016	25
广东	0.027	11	新疆	0.015	26
浙江	0.027	12	黑龙江	0.014	27
陕西	0.027	13	青海	0.012	28
福建	0.026	14	江西	0.011	29
湖北	0.026	15	甘肃	0.009	30

注：1. 以上数据及排名根据《中国统计年鉴2018》《中国环境统计年鉴2018》《中国环境统计年报2015》《中国城市统计年鉴2018》《中国水利统计年鉴2018》《中国工业经济统计年鉴2018》《中国沙漠及其治理》等测算。2. 为了便于后文进行比较分析，基于算术平均方法，我们测算得到30个参评省（自治区、直辖市）的第二产业指标的平均水平为0.025。

如图1-5所示，在第二产业指标中，东部省（自治区、直辖市）大多位于前列，但东部地区内部差距较大，天津指数值0.048遥遥领先，而海南则以0.018的指数值位列第23；中部地区整体水平稍好于西部和东北地区，且内部差异较大，其中安徽以 0.033 的指数值位列全国第 6，而江西指数值仅为 0.011 位列全国倒数第 2；东北三省整体水平与西部地区相当，吉林、辽宁、黑龙江指数值分别为 0.028、0.019 和 0.014，分别位列全国第 10、21 和 27；西部地区整体偏低，且内部差异显著，重庆指数值为 0.037，位列全国第 3，而甘肃指数值仅为 0.009，位列倒数第 1。

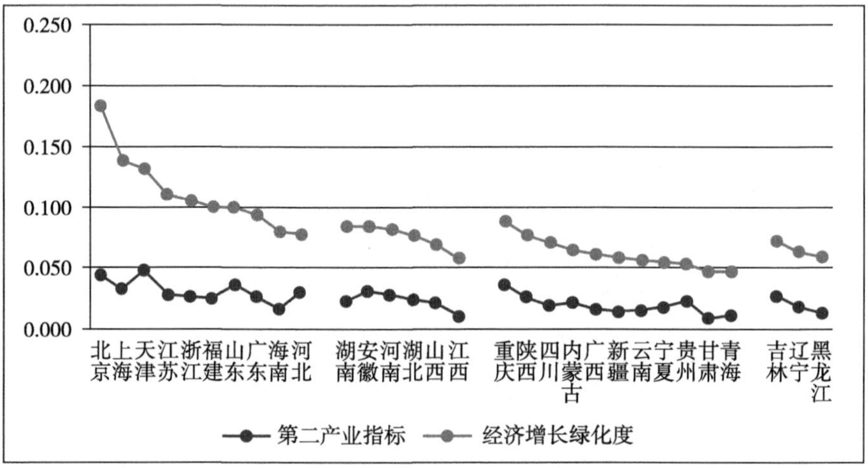

图 1–5　2019 中国省际第二产业指标与经济增长绿化度指数对比

注：本表从东部、中部、西部和东北地区划分的角度，根据经济增长绿化度指数大小自左到右排列。

4. 第三产业指标比较

在省际经济增长绿化度的测度体系中，第三产业指标占经济增长绿化度的权重为 13%，由指标 21—23 共 3 个三级指标构成。在指标权重设计上，采取均权的方法，即每个指标权重占总权重的 1.30%，各项三级指标权重及其属性见表 1–10。

从表 1–11 以及图 1–6 中可以看到，第三产业指标的前 10 位省（直辖市）分别是北京、上海、天津、湖南、海南、黑龙江、浙江、广东、辽宁、江苏，在前 10 名的省（直辖市）中，湖南为中部省份，辽宁、黑龙江为东北地区省份，其他7个均为东部省（直辖市）。第三产业指标第11—20位的省（自治区、直辖市）依次是重庆、内蒙古、山西、吉林、甘肃、四川、山东、新疆、福建、宁夏。第三产业指标排名后10位的省（自治区）依次为湖北、青海、云南、安徽、河北、江西、陕西、广西、河南、贵州。

表1–10　2019中国省际第三产业三级指标、权重及指标属性

指标序号	指标	权重	指标属性
21	第三产业劳动生产率	1.30%	正
22	第三产业增加值比重	1.30%	正
23	第三产业就业人员比重	1.30%	正

注：本表内容是由本报告课题组召开的多次研讨会确定的。

表1–11　2019中国省际第三产业指标指数值及排名

地区	指数值	排名	地区	指数值	排名
北京	0.028	1	四川	0.008	16
上海	0.022	2	山东	0.008	17
天津	0.017	3	新疆	0.008	18
湖南	0.015	4	福建	0.008	19
海南	0.012	5	宁夏	0.008	20
黑龙江	0.012	6	湖北	0.008	21
浙江	0.012	7	青海	0.008	22
广东	0.011	8	云南	0.007	23
辽宁	0.011	9	安徽	0.006	24
江苏	0.011	10	河北	0.006	25
重庆	0.010	11	江西	0.006	26
内蒙古	0.010	12	陕西	0.006	27
山西	0.010	13	广西	0.006	28
吉林	0.009	14	河南	0.005	29
甘肃	0.009	15	贵州	0.005	30

注：1. 以上数据及排名根据《中国统计年鉴2018》《中国环境统计年鉴2018》《中国环境统计年报2015》《中国城市统计年鉴2018》《中国水利统计年鉴2018》《中国工业经济统计年鉴2018》《中国沙漠及其治理》等测算。2. 为了便于后文进行比较分析，基于算术平均方法，我们测算得到30个参评省（自治区、直辖市）的第三产业指标的平均水平为0.010。

如图 1-6 所示，在第三产业指标中，东部省（直辖市）整体较好，但内部差距较大，北京、上海、天津分列前三名，而河北省指数值则相对较低，列第 25 位。中部六省差距也较大，其中湖南指数值 0.015，位列第 4，而河南指数值 0.0054，位列全国倒数第 2。西部地区整体水平较低，但依然存在明显的内部差异，其中重庆指数值 0.010，位列第 11，而贵州指数值 0.0053，位列全国第 30。东北三省内部差异也比较大，黑龙江和辽宁的指数值分别为 0.012 和 0.011，分别位列第 6 和第 9，而吉林指数值 0.009，位列全国第 14。以上显示了第三产业指标区域内发展的不均衡。

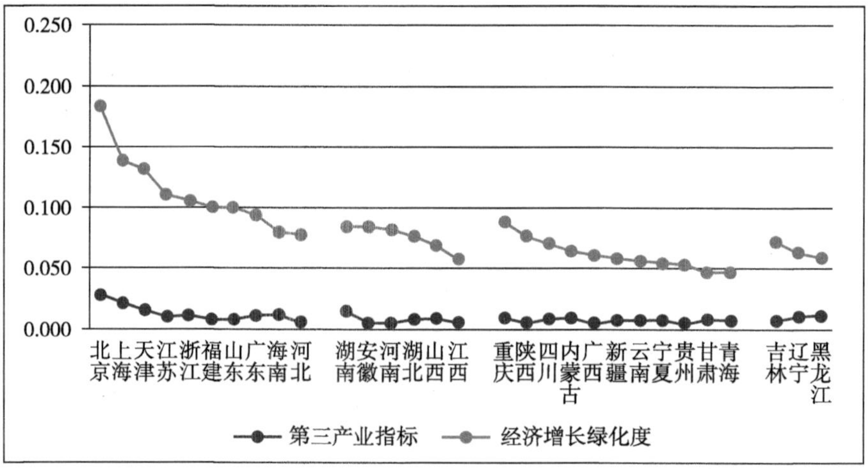

图 1-6　2019 中国省际第三产业指标与经济增长绿化度指数对比

注：本表从东部、中部、西部和东北地区划分的角度，根据经济增长绿化度指数大小自左到右排列。

第二章

省际资源环境承载潜力测算及分析

资源环境承载潜力衡量的是一个地区资源丰裕、生态保护、环境压力与气候变化对今后经济发展和人类活动的承载能力。它是各地区自然资源和生态的禀赋条件拥有水平、人类活动对资源环境生态气候等影响程度的综合反映，是绿色发展指数的重要内涵之一。本章利用 2017 年的年度数据，从区域比较的视角，采用“中国省际绿色发展指数评价体系”，测算了 2019 中国 30 个省（自治区、直辖市）的资源环境承载潜力，详细阐述这些地区资源环境承载潜力的基本格局和特点，并具体比较这些地区在资源丰裕和生态保护、环境压力与气候变化方面的差异。

一、省际资源环境承载潜力指数测算结果

根据“中国省际绿色发展指数评价体系”中资源环境承载潜力的评价体系和权重标准，中国 30 个省（自治区、直辖市）的资源环境承载潜力的测算结果见表 2–1。

表 2–1　2019 中国 30 个省（自治区、直辖市）资源环境承载潜力指数值及排名

指标	资源环境承载潜力		二级指标			
			资源丰裕与生态保护指标		环境压力与气候变化指标	
地区	指数值	排名	指数值	排名	指数值	排名
内蒙古	0.179	1	0.058	3	0.121	3
黑龙江	0.169	2	0.058	2	0.111	4
甘肃	0.163	3	0.026	18	0.137	1
青海	0.146	4	0.063	1	0.083	13
北京	0.145	5	0.017	22	0.128	2
云南	0.135	6	0.050	4	0.085	11

续表

指标	资源环境承载潜力		二级指标			
			资源丰裕与生态保护指标		环境压力与气候变化指标	
地区	指数值	排名	指数值	排名	指数值	排名
广西	0.132	7	0.039	7	0.093	6
四川	0.132	8	0.039	6	0.092	7
吉林	0.131	9	0.043	5	0.087	10
陕西	0.126	10	0.026	16	0.100	5
福建	0.119	11	0.039	8	0.080	15
贵州	0.117	12	0.026	19	0.091	8
湖南	0.117	13	0.028	11	0.088	9
浙江	0.109	14	0.028	14	0.081	14
江西	0.109	15	0.038	9	0.070	22
海南	0.104	16	0.038	10	0.066	26
湖北	0.102	17	0.024	21	0.077	16
重庆	0.101	18	0.025	20	0.076	19
辽宁	0.098	19	0.028	12	0.070	23
上海	0.097	20	0.026	17	0.071	21
广东	0.097	21	0.028	13	0.069	24
河南	0.095	22	0.011	28	0.084	12
安徽	0.091	23	0.016	23	0.076	18
天津	0.089	24	0.013	25	0.076	17
山西	0.087	25	0.012	26	0.076	20
山东	0.078	26	0.011	29	0.067	25
宁夏	0.074	27	0.011	30	0.064	27
河北	0.070	28	0.011	27	0.059	28
江苏	0.070	29	0.015	24	0.055	29
新疆	0.065	30	0.026	15	0.039	30

注：1. 本表根据“省际绿色发展指数指标体系”中资源环境承载潜力的指标体系，依各指标 2017 年数据测算而得。2. 本表各省（自治区、直辖市）按照资源环境承载潜力指数值从大到小排序。3. 本表一级指标“资源环境承载潜力”指数值等于“资源丰裕与生态保护指标”“环境压力与气候变化指标”两个二级指标指数值之和。4. 以上数据及排名根据《中国统计年鉴 2018》《中国环境统计年鉴 2018》《中国环境统计年报 2015》《中国城市统计年鉴 2018》《中国水利统计年鉴 2018》《中国工业统计年鉴 2018》等测算。5. 为了便于后文进行比较分析，基于算术平均方法，课题组测算得到 30 个测评省（自治区、直辖市）的资源环境承载潜力的平均水平为 0.112，资源丰裕与生态保护指标的平均水平为 0.029，环境压力与气候变化指标的平均水平为 0.082。

从表 2-1 可以看出，资源环境承载潜力指数排在前 10 名的省（自治区、直辖市）依次是：内蒙古、黑龙江、甘肃、青海、北京、云南、广西、四川、吉林和陕西。资源丰裕与生态保护指标排名前十位的省（自治区、直辖市）依次是：青海、黑龙江、内蒙古、云南、吉林、四川、广西、福建、江西和海南。环境压力与气候变化指标排名前 10 位的省（自治区、直辖市）依次是：甘肃、北京、内蒙古、黑龙江、陕西、广西、四川、贵州、湖南和吉林。

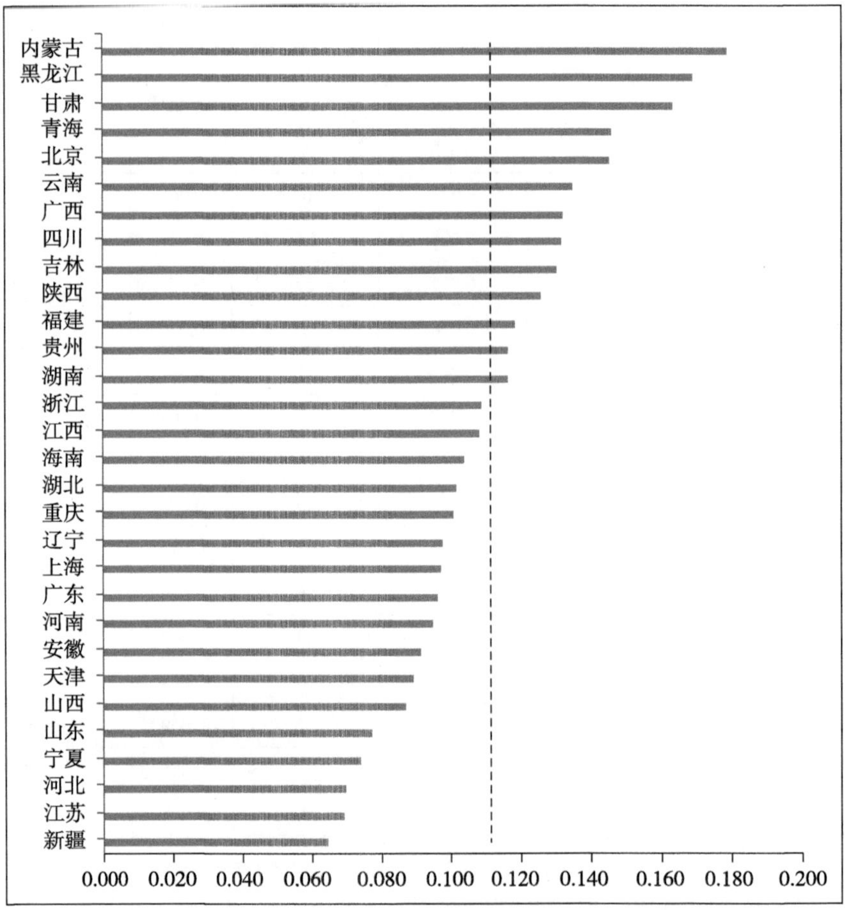

图 2-1　2019 中国资源环境承载潜力排名省际比较

注：本图根据表 2-1 制作。指数值由高到低排列，虚线表示所有参评省（自治区、直辖市）资源环境承载潜力的平均值 0.112。

根据表 2-1 中各地区的资源环境承载潜力的指数值可绘制出图 2-1。其中，横轴为资源环境承载潜力指数值，0.112 为 30 个省（自治区、直辖市）资源环境承载潜力的平均水平，在图中用虚线表示。资源环境承载潜力指数值用绿色条框表示，资源环境承载潜力指数值越高，其绿色条框就越长，资源环境承载潜力指数值越低，其条框就越短。

根据中国 30 个省（自治区、直辖市）的资源环境承载潜力的测算结果，对各省（自治区、直辖市）资源环境承载潜力总体特点分析如下：

1. 资源环境承载潜力区域间差异分析

从各省（自治区、直辖市）看，省际的资源环境承载潜力差异显著，省际资源环境承载力指标值极差为 0.114，且指标值第一的内蒙古自治区是最后一名新疆维吾尔自治区的 2.75 倍，另外，30 个省（自治区、直辖市）中有 17 个省（自治区、直辖市）指标值低于全国平均水平。

从东部、中部、西部、东北四大区域看，资源环境承载潜力的区域差异也比较明显。如图 2-2 所示，西部和东北地区资源环境承载潜力明显好于东部和中部地区，东、中部的资源环境承载潜力明显较弱，且这两个区域的差异

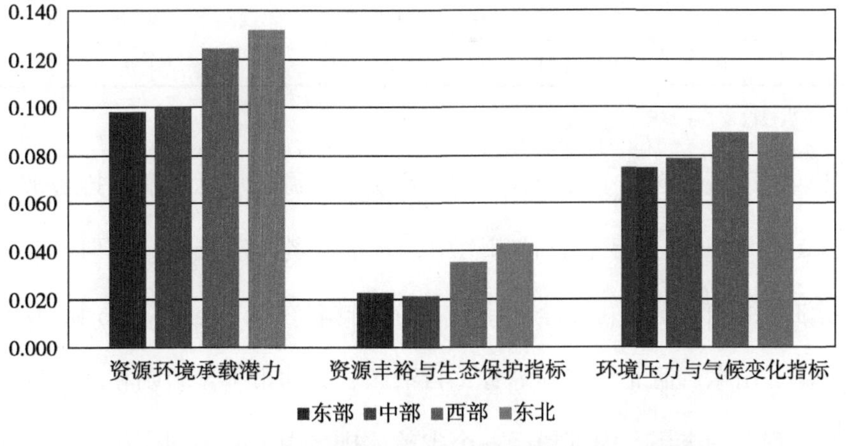

图 2-2　2019 中国四大区域资源环境承载潜力对照图

注：上图中数据为四大区域中各省（自治区、直辖市）指标值的算术平均值。

不大。分析两个二级指标可以发现，资源环境承载潜力的区域间差异主要来自资源丰裕与生态保护方面，西部和东北地区具有明显的优势，东部和中部地区相对较弱；同时，西部和东北地区在环境压力与气候变化方面也有一定优势，东部和中部地区相对较弱（见图 2–2 和表 2–2）。

表 2–2　2019 资源环境承载潜力四大区域内部差异分析

区域	地区	指数值	排名	区域	地区	指数值	排名
东部	北京	0.145	5	西部	内蒙古	0.179	1
	福建	0.119	11		甘肃	0.163	3
	浙江	0.109	14		青海	0.146	4
	海南	0.104	16		云南	0.135	6
	上海	0.097	20		广西	0.132	7
	广东	0.097	21		四川	0.132	8
	天津	0.089	24		陕西	0.126	10
	山东	0.078	26		贵州	0.117	12
	河北	0.070	28		重庆	0.101	18
	江苏	0.070	29		宁夏	0.074	27
中部	湖南	0.117	13		新疆	0.065	30
	江西	0.109	15	东北	黑龙江	0.169	2
	湖北	0.102	17		吉林	0.131	9
	河南	0.095	22		辽宁	0.098	19
	安徽	0.091	23	由于缺少主要测算数据，西藏、香港、澳门和台湾未参与测算			
	山西	0.087	25				

注：本表根据表 2–1 整理。

从四大区域内各省（自治区、直辖市）的资源环境承载潜力排名来看，东部地区 10 个省（自治区、直辖市）中，北京排名相对较高，位列第 5 位；福建、浙江、海南、上海位于全国中游，分别排名在第 11、14、16 和 20 位；广东、天津、山东、河北、江苏等省（自治区、直辖市）排名则相对靠后，河北和江苏位列全国末尾。中部地区 6 个省整体排名中下游。湖南排名最靠前，列第 13 位；江西、湖北处于中下游水平，位列第 15 和 17；河南、安徽和山西排名全国后10位，分别列第22、23和25位。西部地区整体的资源环境承载潜力指标值明显高于其他地区，11个省（自治区、直辖市）中，内蒙古、甘肃、青海、云南、广西、四川、陕西等7个省（自治区）位列全国前10位，并且内蒙古、甘肃排名全国前三；贵州和重庆位于全国中游，分别排第12位和18位；但宁夏位列全国第27位，新疆排名为全国倒数第1。东北三省中，黑龙江的资源环境承载潜力较好，位列全国第2，吉林位于全国上游，排名第9位；辽宁则相对较差，列第19位。通过以上对资源环境承载潜力的分析，可以得出，中国的资源环境承载潜力存在明显的地域性差异，西部地区具有显著的优势，中部、东部地区则相对较弱。

东中西部资源环境承载潜力的区域差异具有一定的客观性。一方面，资源环境承载力与各地区自然禀赋息息相关，我国西部地区水土丰沛，森林覆盖率高，自然环境优于其他地区，比如内蒙古、云南地区，地广人稀、人均资源占有量高成为这些地区的主要优势，相对而言，东部和中部地区在自然资源方面的优势相对较弱。另一方面，从经济发展阶段和发展模式来看，东部地区经济率先发展，形成了产业和人口集聚，经济实力在全国占绝对优势，经济总量和人均水平均处于领先水平，但东部地区早期粗放型的发展模式透支了资源，污染了环境，人口高度集聚仍是这些地区资源环境改善面临的巨大挑战。中部地区经济实力整体弱于东部地区，但近些年随着中部崛起战略的实施，中部地区经济飞速发展的同时也面临人口众多而耕地较少，资源消耗量巨大的瓶颈。西部地区发展相对滞后，但具有一定的后发优势，能够吸取以往发展的经验和教训，发展的同时也关注环境保护。因此，在绿色发展理念的指导下，采用优势互补、区域合作等手段，优化资源配置，以缓解东部资源环境压力，同时以提升西部经济社会发展水平为抓手，持续加强对生态较脆弱的地区的环境保护，统筹处理区域间及其内部经济发展与生态文明建设之间的关系，将是中国需要长期坚持的发展战略。

2. 资源环境承载潜力区域内情况分析

从四大区域内各省（自治区、直辖市）的情况看，各区域内省际资源环境承载潜力也存在较大差异。东部10个省（自治区、直辖市）的指标值极差为0.075，从排名上看，1个地区排名全国上游，4个地区排名全国中游，5个地区排名全国下游，且排名最高的北京（第5）和排名最低的江苏（第29）名次差距24位。中部地区的资源环境承载潜力水平较为平均，指标值极差为0.030，主要是由于湖南省指标值高于全国平均水平，位列第13，而其他省份均低于全国平均水平。西部11个省（自治区、直辖市）的指标值极差为0.114，排名上普遍靠前，7个省（自治区、直辖市）排名全国前十，且内蒙古、甘肃列全国前3，但是新疆却排名全国倒数第1位。东北三省在资源环境承载潜力上的排名差异也很明显，三个省分属两个等级，排名最高的是黑龙江，位列第2，吉林也位于全国上游，排名第9；辽宁位于全国中游，排名第19。具体情况如表2–2所示。

3. 资源环境承载潜力对区域绿色发展的影响分析

表2–3中，差距列的值等于资源环境承载潜力排名减去对应的绿色发展指数排名，数值为负表示该省资源环境承载潜力对其绿色发展水平的贡献为正，数值为正表示该省资源环境承载潜力对其绿色发展水平的贡献为负。

从相对序列位次差异情况看，内蒙古、黑龙江、广西、陕西、甘肃、云南、湖南、湖北、贵州、江西、四川、河南、吉林、山西、青海、辽宁、宁夏17个省（自治区）资源环境承载力对区域绿色发展水平的贡献为正。这17个省（自治区）中，西部地区较多，占9个；中部地区占5个；东北地区占3个。具体而言，青海、吉林、四川差距最大，表明这三个省份资源环境承载潜力对其绿色发展指数排名的贡献作用最明显。北京、上海、浙江、福建、山东、天津、海南、江苏、重庆、安徽、广东、河北 12 个省（直辖市）资源环境承载潜力对区域绿色发展水平排名的贡献为负，新疆的资源环境承载潜力对绿色发展水平排名的贡献为零。在以上这 12 个地区中，东部地区最多，占 10 个；中部地区占 1 个；西部地区占 1 个。具体而言，山东、江苏、上海、天津差距最大，表明这四个地区资源环境承载潜力水平对其绿色发展指数排名的负拉动作用最明显。

表 2-3 2019 中国省际绿色发展指数与资源环境承载潜力排名差异比较

地区	绿色发展指数排名	资源环境承载力排名	位次变化	地区	绿色发展指数排名	资源环境承载力排名	位次变化
北京	1	5	4	甘肃	16	3	-13
内蒙古	2	1	-1	云南	17	6	-11
上海	3	20	17	湖南	18	13	-5
浙江	4	14	10	湖北	19	17	-2
福建	5	11	6	河北	20	28	8
山东	6	26	20	贵州	21	12	-9
天津	7	24	17	江西	22	15	-7
海南	8	16	8	四川	23	8	-15
江苏	9	29	20	河南	24	22	-2
重庆	10	18	8	吉林	25	9	-16
黑龙江	11	2	-9	山西	26	25	-1
安徽	12	23	11	青海	27	4	-23
广西	13	7	-6	辽宁	28	19	-9
广东	14	21	7	宁夏	29	27	-2
陕西	15	10	-5	新疆	30	30	0

注：本表根据表 0-3 和表 2-1 整理而得。

各地区的具体情况分析如下：在东部地区，10 个省（直辖市）的资源环境承载潜力排名均落后于绿色发展指数排名，且有 5 个省甚至落后（或等于）10 名以上，表明东部地区整体的资源环境承载潜力水平较弱，制约了绿色发展总指数的提升。在中部地区，除安徽省外，其他 5 个省的资源环境承载潜力排名均略高于绿色发展指数排名，表明中部地区大多数省的资源环境承载潜力对绿色发展指数有一定推动作用。西部地区 11 个省区有 9 个的资源环境承载潜力排名高于其绿色发展指数排名，且有 4 个省（自治区）高于 10 名以上，表明西部地区的资源环境承载潜力对绿色发展指数的拉动作用十分明显。东北地区的黑龙江、吉林和辽宁 3 个省的资源环境承载潜力排名均高于其绿色发展指数排名，表明东北地区的资源环境承载潜力拉动作用也较强。

二、省际资源环境承载潜力比较分析

省际资源环境承载潜力占绿色发展指数总权重的 40%，由资源丰裕与生态保护指标和环境压力与气候变化指标 2 个二级指标构成，总共有 19 个三级指标，其中正指标 6 个，逆指标 13 个；参与测算的指标有 17 个。

1. 省际资源丰裕与生态保护指标测算结果及分析

在省际资源环境承载潜力测度体系中，资源丰裕与生态保护指标占资源环境承载潜力的权重为 31.58%，占绿色发展指数的 12.63%。

资源丰裕与生态保护的三级指标选择主要考虑两点。一是资源角度，资源是指自然资源，即一切可被人类开发和利用的，可以产生价值的自然物。因此，它是客观存在的。二是生态保护角度，生态保护是指对人类赖以生存的生态系统进行保护，使之免遭破坏，使生态功能得以正常发挥的各种措施。因此，它是人类的主观行动。

从指标构成来看，资源丰裕与生态保护指标由人均水资源量、人均森林面积、森林覆盖率、自然保护区面积占辖区面积比重、湿地面积占国土面积的比重、人均活立木总蓄积量6项三级指标构成。

同时，资源丰裕与生态保护的这6个三级指标包含了自然资源中最重要的几个方面：水、森林和湿地，具有同等的重要性，因此这6个三级指标平分权重。各项三级指标的权重及其指标属性参见表2–4。

表2–4 2019中国省际资源丰裕与生态保护三级指标、权重及指标属性

指标序号	指标	权重	指标属性
1	人均水资源量	2.11%	正
2	人均森林面积	2.11%	正
3	森林覆盖率	2.11%	正
4	自然保护区面积占辖区面积比重	2.11%	正
5	湿地面积占国土面积的比重	2.11%	正
6	人均活立木总蓄积量	2.11%	正

注：本表内容是由本报告课题组召开的多次研讨会确定的。

在对三级指标的原始数据进行标准化处理基础上，根据上表中的权重，计算得出了各省（自治区、直辖市）资源丰裕与生态保护指标测算结果如下（见表2–5）：

表2–5 2019中国省际资源丰裕与生态保护指标指数值及排名

指标	资源丰裕与生态保护指标		指标	资源丰裕与生态保护指标	
地区	指数值	排名	地区	指数值	排名
青海	0.063	1	陕西	0.026	16
黑龙江	0.058	2	上海	0.026	17
内蒙古	0.058	3	甘肃	0.026	18
云南	0.050	4	贵州	0.026	19
吉林	0.043	5	重庆	0.025	20
四川	0.039	6	湖北	0.024	21
广西	0.039	7	北京	0.017	22
福建	0.039	8	安徽	0.016	23
江西	0.038	9	江苏	0.015	24
海南	0.038	10	天津	0.013	25

续表

指标	资源丰裕与生态保护指标		指标	资源丰裕与生态保护指标	
地区	指数值	排名	地区	指数值	排名
湖南	0.028	11	山西	0.012	26
辽宁	0.028	12	河北	0.011	27
广东	0.028	13	河南	0.011	28
浙江	0.028	14	山东	0.011	29
新疆	0.026	15	宁夏	0.011	30

注：1. 以上数据及排名根据《中国统计年鉴 2018》《中国沙漠及其治理》《中国环境统计年报 2015》《中国环境统计年鉴 2018》等测算。2. 30 个测评省（自治区、直辖市）的资源丰裕与生态保护指标的平均水平为 0.029。

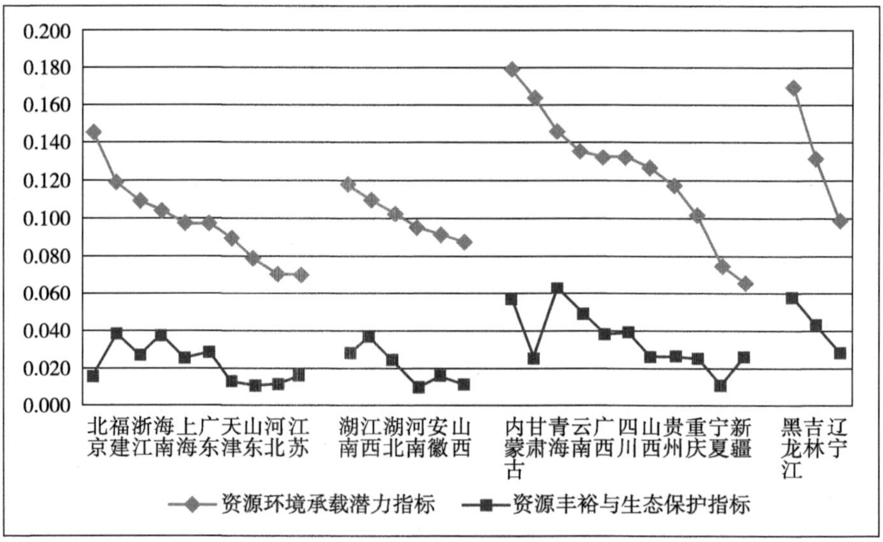

图 2-3　2019 中国省际资源丰裕与生态保护与资源环境承载潜力指数对比

注：本表从东部、中部、西部和东北地区划分的角度，根据资源环境承载潜力指数大小自左到右排列。

从表 2-5 和图 2-3 发现，在资源丰裕与生态保护指标中，西部地区和东北地区的整体情况较好，但西部地区的内部差距较大；东部地区和中部地区整体指标值相近，整体都较差。从指标值上看，各省资源丰裕与生态保护指标值介于 0.011 至 0.063 之间，30 个省（自治区、直辖市）指标值的极差为 0.052。

从分省排名情况上看，排在资源丰裕与生态保护指标前 10 位的省（自治区）是：青海、黑龙江、内蒙古、云南、吉林、四川、广西、福建、江西、海南。其中，西部地区有 5 个，并且青海省排名第 1；东北地区有 2 个；中部地区有 1 个；东部地区有 2 个。

排在资源丰裕与生态保护指标第 11 ~ 20 位的省（自治区、直辖市）是：湖南、辽宁、广东、浙江、新疆、陕西、上海、甘肃、贵州、重庆。其中，西部地区占 5 个，分别为新疆、陕西、甘肃、贵州、重庆；东部地区有 3 个省，中部地区有 1 个省，东北地区 1 个省。

排在资源丰裕与生态保护指标后 10 位的省（自治区、直辖市）是：湖北、北京、安徽、江苏、天津、山西、河北、河南、山东、宁夏。其中，有 5 个在东部地区，分别是北京、江苏、天津、河北、山东；有 4 个位于中部地区；1 个位于西部地区。

分区域看，东部地区资源丰裕与生态保护指标值的极差为 0.028，排名最靠前的是福建，排第 8 位，最靠后的山东，排第 29 位；中部地区极差为 0.027，最靠前的是江西，排第 9 位，最靠后的是河南，排第 28 位；西部地区极差为 0.052，最靠前的是青海，排第 1 位，最靠后的是宁夏，排第 30 位；东北地区极差为 0.030，黑龙江排全国第 2 位，辽宁排第 12 位。

从各省（自治区、直辖市）看，资源丰裕与生态保护指标排名最高的是青海。从三级指标看，青海有 2 个三级指标排名第一，即人均水资源量、自然保护区面积占辖区面积比重；资源丰裕与生态保护指标排名中倒数第一的是宁夏。

2. 省际环境压力与气候变化指标测算结果及分析

在省际资源环境承载潜力测度体系中，环境压力和气候变化指标占资源环境承载潜力的权重为 68.42%，占绿色发展指数的 27.37%。

环境压力与气候变化是指由于人类的生活和发展，消耗自然环境资源，并造成环境污染，进而对环境产生压力；同时，污染物的大量排放，尤其是二氧化碳的排放，也会对气候变化造成影响。

由此，选择以下 13 个指标构成环境压力与气候变化指标的三级指标，分别是：单位土地面积二氧化碳排放量、人均二氧化碳排放量、单位土地面积二氧化硫排放量、人均二氧化硫排放量、单位土地面积化学需氧量排放量、人均化学需氧量排放量、单位土地面积氮氧化物排放量、人均氮氧化物排放量、单位土地面积氨氮排放量、人均氨氮排放量、单位耕地面积化肥施用量、单位耕地面积农药使用量、人均公路交通氮氧化物排放量。

这 13 个三级指标平分权重。具体指标及其权重和指标属性参见表 2–6。

表 2–6　2019 中国省际环境压力与气候变化三级指标、权重及指标属性

指标序号	指标	权重	指标属性
1	单位土地面积二氧化碳排放量	2.11%	逆
2	人均二氧化碳排放量	2.11%	逆
3	单位土地面积二氧化硫排放量	2.11%	逆
4	人均二氧化硫排放量	2.11%	逆
5	单位土地面积化学需氧量排放量	2.11%	逆
6	人均化学需氧量排放量	2.11%	逆
7	单位土地面积氮氧化物排放量	2.11%	逆
8	人均氮氧化物排放量	2.11%	逆
9	单位土地面积氨氮排放量	2.11%	逆
10	人均氨氮排放量	2.11%	逆
11	单位耕地面积化肥施用量	2.11%	逆
12	单位耕地面积农药使用量	2.11%	逆
13	人均公路交通氮氧化物排放量	2.11%	逆

注：本表内容是由本报告课题组召开的多次研讨会确定的。

在对三级指标的原始数据进行标准化处理基础上，根据上表中的权重，计算得出了各省（自治区、直辖市）环境压力与气候变化指标的指数值，排名情况见下表（表 2–7）。

表 2-7　2019 中国省际环境压力与气候变化指标指数值及排名

指标	环境压力与气候变化指标		指标	环境压力与气候变化指标	
地区	指数值	排名	地区	指数值	排名
甘肃	0.137	1	湖北	0.077	16
北京	0.128	2	天津	0.076	17
内蒙古	0.121	3	安徽	0.076	18
黑龙江	0.111	4	重庆	0.076	19
陕西	0.100	5	山西	0.076	20
广西	0.093	6	上海	0.071	21
四川	0.092	7	江西	0.070	22
贵州	0.091	8	辽宁	0.070	23
湖南	0.088	9	广东	0.069	24
吉林	0.087	10	山东	0.067	25
云南	0.085	11	海南	0.066	26
河南	0.084	12	宁夏	0.064	27
青海	0.083	13	河北	0.059	28
浙江	0.081	14	江苏	0.055	29
福建	0.080	15	新疆	0.039	30

注：1. 以上数据及排名根据《中国统计年鉴 2018》《中国沙漠及其治理》《中国环境统计年报 2015》《中国环境统计年鉴 2018》等测算。2. 环境压力与气候变化指标的平均水平为 0.082。

从指标值上看，环境压力与气候变化指标值基本介于 0.039 和 0.137 之间。甘肃指标值最高，新疆指标值最低。

从分省（自治区、直辖市）排名情况看，环境压力与气候变化指标排名前 10 位的省（自治区、直辖市）分别是：甘肃、北京、内蒙古、黑龙江、陕西、广西、四川、贵州、湖南、吉林。其中，西部地区有 6 个省（自治区）位列前 10 名之中，分别是甘肃、内蒙古、陕西、广西、四川、贵州；东部地区只有北京入围；中部地区只有湖南入围；东北地区有 2 个，分别为黑龙江、吉林。

环境压力与气候变化指标排名位于第 11 ~ 20 名的地区分别是：云南、河南、青海、浙江、福建、湖北、天津、安徽、重庆、山西。其中，中部地区的省有 4 个，分别为河南、湖北、安徽、山西。东部地区有 3 个，分别为浙江、福建、天津。西部地区有 3 个，分别为云南、青海、重庆。

环境压力与气候变化指标排名位于后 10 位的省（自治区、直辖市）分别是：上海、江西、辽宁、广东、山东、海南、宁夏、河北、江苏、新疆。其中，有 6 个省（直辖市）来自东部地区，分别是：上海、广东、山东、海南、河北、江苏；西部地区有 2 个，分别为宁夏、新疆；中部地区只有江西；东北地区只有辽宁。

从分区域看，在环境压力与气候变化指标中，西部地区整体情况明显好于其他三个地区，但西部地区极差相对较大，其中，甘肃排全国第 1 位，而新疆排全国最后一名，极差为 0.098；东部地区环境压力与气候变化指标值极差为 0.073，排名最靠前的是北京，排名第 2 位，最靠后的江苏，排名第 29 位；东北地区的极差为 0.041，最靠前的是黑龙江排名第 4 位，最靠后的辽宁排名第 23 位；中部地区各省指标值差距较小，中部地区极差为 0.018，最靠前的是湖南，排名第 9 位，最靠后的是江西，排名第 22 位。

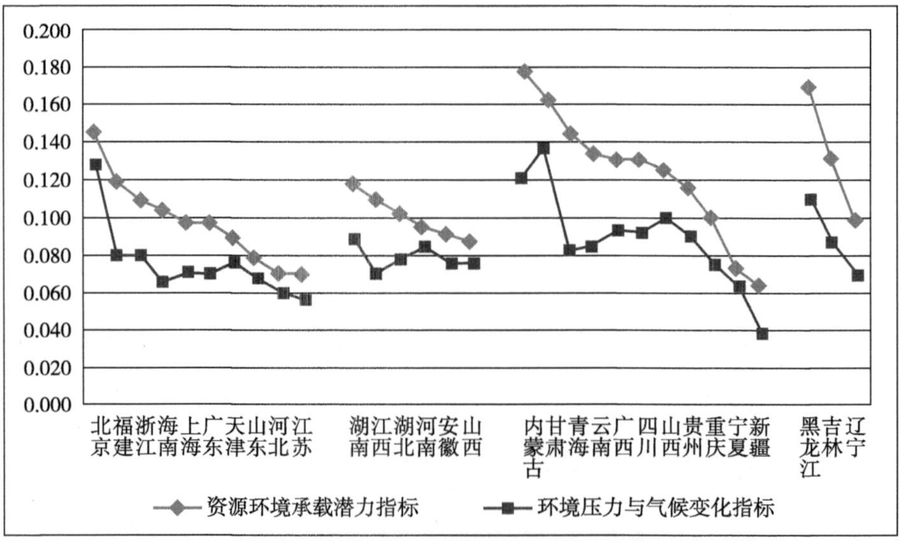

图 2-4　2019 中国省际环境压力与气候变化与资源环境承载潜力指数对比

注：本表从东部、中部、西部和东北地区划分的角度，根据资源环境承载潜力指数大小自左到右排列。

第三章

省际政府政策支持度测算及分析

政府政策支持度是绿色发展指数的三大一级指标之一，对其进行科学的测算与分析，旨在客观反映各地区政府对绿色发展的重视程度和支持力度。本章以政府政策支持度的测算结果为基础，利用 2017 年的年度数据，从地区比较的视角，分别从绿色投资、基础设施和环境治理等三个方面分析我国 30 个省（自治区、直辖市）的政府政策支持度，探讨政府政策支持度与地区绿色发展的关系。

一、省际政府政策支持度的测算结果

根据“中国省际绿色发展指数指标体系”中政府政策支持度的测度指标体系和权重标准，我国 30 个省（自治区、直辖市）政府政策支持度指数及三项分指数的测算结果及排名如下（如表 3-1）。

表 3-1　2019 中国 30 个省（自治区、直辖市）政府政策支持度指数值及排名

指标	政府政策支持度		二级指标					
			绿色投资指标		基础设施指标		环境治理指标	
地区	指数值	排名	指数值	排名	指数值	排名	指数值	排名
北京	0.201	1	0.034	4	0.107	1	0.060	10
山东	0.189	2	0.040	2	0.084	4	0.064	4
河北	0.169	3	0.027	15	0.069	14	0.073	1
内蒙古	0.169	4	0.030	11	0.070	13	0.069	2
安徽	0.168	5	0.032	7	0.072	10	0.064	3
江苏	0.167	6	0.026	18	0.087	3	0.055	14
浙江	0.166	7	0.012	27	0.092	2	0.062	6
上海	0.163	8	0.022	24	0.084	5	0.058	12
海南	0.162	9	0.032	6	0.066	15	0.064	5

续表

指标	政府政策支持度		二级指标					
			绿色投资指标		基础设施指标		环境治理指标	
地区	指数值	排名	指数值	排名	指数值	排名	指数值	排名
重庆	0.159	10	0.028	14	0.078	8	0.052	18
福建	0.156	11	0.032	8	0.071	11	0.054	16
宁夏	0.154	12	0.029	13	0.065	16	0.060	9
江西	0.150	13	0.023	23	0.072	9	0.055	13
广西	0.146	14	0.030	12	0.063	18	0.053	17
贵州	0.145	15	0.054	1	0.031	30	0.061	8
新疆	0.145	16	0.023	22	0.079	7	0.043	28
广东	0.144	17	0.033	5	0.052	20	0.058	11
山西	0.142	18	0.010	29	0.083	6	0.049	22
湖北	0.139	19	0.035	3	0.051	23	0.054	15
河南	0.138	20	0.023	20	0.064	17	0.051	20
天津	0.131	21	0.024	19	0.045	25	0.062	7
陕西	0.129	22	0.031	9	0.049	24	0.049	23
辽宁	0.128	23	0.010	30	0.070	12	0.048	24
云南	0.126	24	0.031	10	0.044	26	0.051	19
甘肃	0.120	25	0.027	16	0.051	22	0.042	29
湖南	0.116	26	0.020	26	0.052	21	0.044	27
黑龙江	0.114	27	0.011	28	0.053	19	0.050	21
四川	0.110	28	0.023	21	0.041	27	0.046	25
吉林	0.102	29	0.021	25	0.035	29	0.046	26
青海	0.098	30	0.026	17	0.039	28	0.033	30

注：1. 本表根据“省际绿色发展指数指标体系”中政府政策支持度的指标体系，依各指标 2017 年数据测算而得。2. 本表各省（自治区、直辖市）按照政府政策支持度的指数值从大到小排序。3. 本表一级指标“政府政策支持度”指数值等于“绿色投资指标”“基础设施指标”“环境治理指标”三个二级指标指数值之和。4. 以上数据及排名根据《中国统计年鉴 2018》《中国环境统计年鉴 2018》《中国环境统计年报 2015》《中国城市统计年鉴 2018》《中国水利统计年鉴 2018》《中国工业统计年鉴 2018》《中国沙漠及其治理》等测算。5. 为了便于后文进行比较分析，基于算术平均方法，我们测算得到 30 个测评省（自治区、直辖市）的政府政策支持度指数的平均水平为 0.145，绿色投资指标的平均水平为 0.027，基础设施指标的平均水平为 0.064，环境治理指标的平均水平为 0.054。

从表 3–1 中看到，指数值最高的北京为 0.201，比所有参评省（自治区、直辖市）政府政策支持度的平均值 0.145 高 38.68 个百分点，最低的青海仅为 0.098，极差为 0.103；有 16 个省（自治区、直辖市）指数值不低于该平均值，与去年相比增加了 2 个。排在政府政策支持度指数值前 10 位的省（自治区、直辖市）依次是：北京、山东、内蒙古、海南、河北、浙江、上海、江苏、安徽和新疆（排序见图 3–1）。其中，绿色投资指标指数值排名前 10 位的省（自治区、直辖市）依次是：贵州、山东、山西、北京、广西、安徽、河北、宁夏、陕西和云南；基础设施指标指数值排名前 10 位的省（自治区、直辖市）依次是：北京、上海、浙江、山东、江苏、天津、广东、新疆、福建和河北；环境治理指标指数值排名前 10 位的省（自治区、直辖市）依次是：内蒙古、海南、河北、山东、安徽、上海、河南、贵州、重庆和北京。

根据表 3–1 中各地区政府政策支持度的指数值可绘制出图 3–1。其中，横轴为政策支持度指数值，纵轴为省（自治区、直辖市）名称。政府政策支持度指数值用绿色条框表示，绿色条框越长，指数值越大；所有参评省（自治区、直辖市）政府政策支持度的平均值用垂直于横轴的虚线表示。由图 3–1 看出，北京、河北等 16 个省（自治区、直辖市）指数值不低于该平均值，山西、湖北等 14 个省（自治区、直辖市）指数值低于该平均值。

1. 政府政策支持度的区域间差异分析

从政府政策支持度的区域分布来看，政府政策支持度总体依旧呈现东部最好、中西部较好、东北地区偏低的局面。从下图 3–2 中可以看出，东部地区政府政策支持度指数平均值最高，为 0.166；中部和西部次之，略低于所有参评省（自治区、直辖市）政府政策支持度的平均值，分别为 0.139 和 0.137；东北地区最低，为 0.115。从排名看，政府政策支持度指数值全国排名前 10 位的省（自治区、直辖市）中有 7 个来自东部地区，1 个来自中部地区，2 个来自西部地区；进入排名前 15 位的省（自治区、直辖市）中，有 8 个来自东部地区，2 个来自中部地区，5 个来自西部地区。

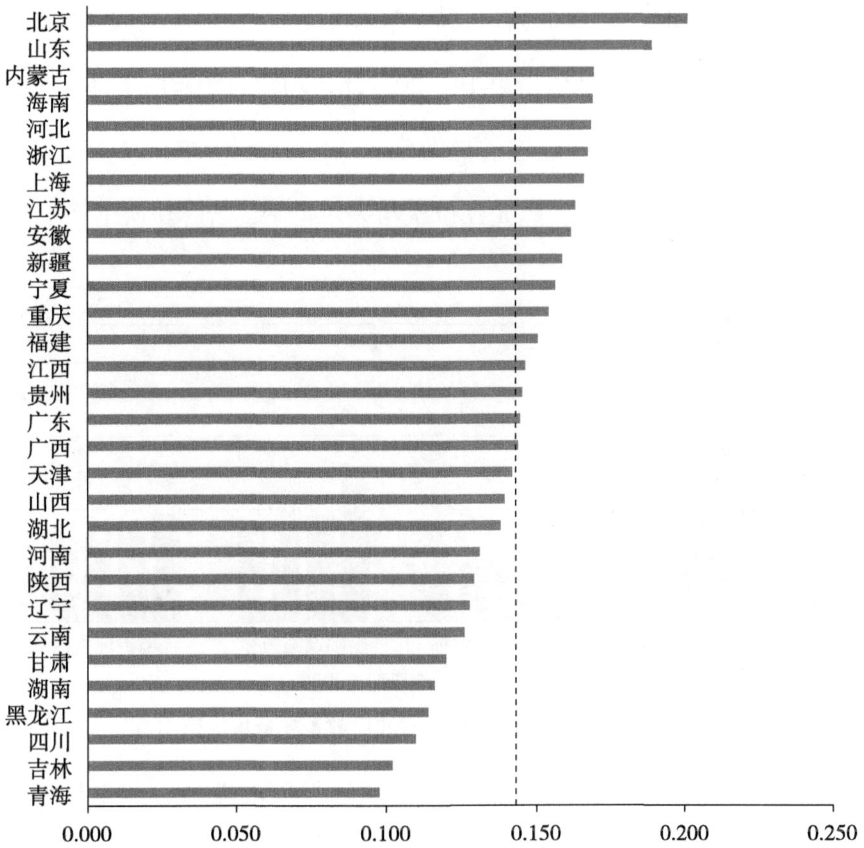

图 3-1　2019 政府政策支持度指数值排名省际比较

注：本图根据表 3-1 制作，指数值由高到低排列，虚线表示所有参评省（自治区、直辖市）政府政策支持度的平均值 0.145。

具体来看，东部总体水平明显高于其他地区。东部 10 省（直辖市）中，有 7 个排在全国前 10 位；其他 3 个省份，福建、广东、天津分别排在第 13、16、18 位，相比去年海南（第 12 位）上升 8 位，天津（第 22 位）上升 4 位，而福建（第 10 位）下降 3 位，广东（第 7 位）下降 9 位。西部总体水平较高，处于前 10 名的省（自治区、直辖市）比去年增加 1 个。西部 11 省（自治区、直辖市）中，内蒙古居全国第 3 位的水平，相比去年（第 8 位）上升 5 位；新疆排在第 10 位，相比去年上升 3 位；重庆、宁夏、广西和贵州排在第 11—20 位之间；陕西、云南和甘肃排在第 21—25 位；其他 2 个省排在第 26—30 位，依次是四川和青海。中部总体水平略高于西部地区。中部六省中，安徽、河南分别位于第 9、21，排名均与去年持平；江西位于第 14，较去年位次上升 3 位；山西、湖北和湖南分别位于第 19、20、26，均较去年有所下降。东北三省总体水平相对最低。其中，辽宁、黑龙江、吉林分列第 23、27、29 位，与去年相比，辽宁位次下降 4 位，黑龙江位次与去年持平，吉林位次下降 1 位。

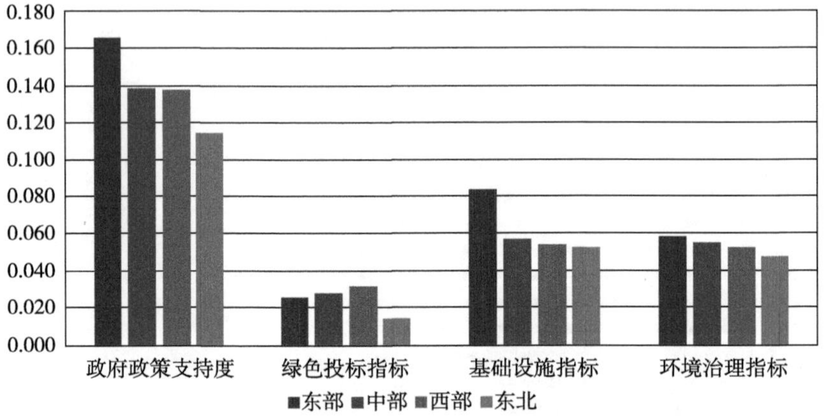

图 3-2　2019 中国四大区域政府政策支持度对照图

就政府政策支持度的 3 个分指标而言，区域间的差异也非常显著（见图 3-2）。其中，基础设施指数的区域间差异最大，东部地区明显高于全国平均水平及其他 3 个地区；其次是中部、东北、西部地区，均低于全国平均水平。绿色投资指数的区域间差异相对较小，东部、中部、西部地区水平相差较少，其中，东部略低于全国平均水平，中部和西部均高于全国平均水平，东北地区水平相对较低，且低于全国平均水平；就环境治理指标而言，区域间差异不明显，东部最高、中部次之，均高于全国平均水平；西部位于第 3 位，略低于全国平均水平；东北地区较低，低于全国平均水平。总体来看，东部地区的政府政策支持度具有较明显的优势，而东北地区在该项指标上则相对逊色。

2. 政府政策支持度的区域内省际差异分析

从四大区域内各省（自治区、直辖市）的情况看（如表 3-2），西部地区政府政策支持度省际差异性明显，既存在全国排名第 3 位的内蒙古，又存在排名靠后的四川（第 28 位）和青海（第 30 位），排名最靠前的内蒙古和排名最靠后的青海相差 0.071；西部 11 个省（自治区、直辖市）中，政府政策支持度高于所有参评省（自治区、直辖市）平均值的有 6 个，较去年增加 2 个；位于排名前 10 位的有 2 个，较去年增加 1 个，排在第 11—20 位的有 4 个，排在第 21—30 位的有 5 个；整体水平较去年呈上升态势。

东部地区 10 省（直辖市）的政府政策支持度排名总体靠前，指数值除天津外均高于所有参评省（自治区、直辖市）的平均值；其中，有 7 个省（直辖市）排名在前 10 位，福建、广东和天津分别位于第 13、16、18 位；排名第 1 位的北京和排名最靠后的天津极差为 0.059。

表 3-2 2019 中国政府政策支持度指数四大区域内部差异

区域	地区	指数值	排名	区域	地区	指数值	排名
东部	北京	0.201	1	西部	内蒙古	0.169	3
	山东	0.189	2		重庆	0.159	10
	河北	0.169	4		宁夏	0.156	11
	江苏	0.168	5		广西	0.154	12
	浙江	0.167	6		贵州	0.145	15
	上海	0.166	7		新疆	0.144	17
	海南	0.163	8		陕西	0.129	22
	福建	0.150	13		云南	0.126	24
	广东	0.145	16		甘肃	0.120	25
	天津	0.142	18		四川	0.110	28
中部	安徽	0.162	9		青海	0.098	30
	江西	0.146	14	东北	辽宁	0.128	23
	山西	0.139	19		黑龙江	0.114	27
	湖北	0.138	20		吉林	0.102	29
	河南	0.131	21	由于缺少主要测算数据，因此，西藏、香港、澳门和台湾未参与测算			
	湖南	0.116	26				

注：本表根据表 3-1 整理。

中部地区各省份政府政策支持度总体排名相对偏后，除安徽、江西和山西外，其他地区指数值均低于参评省（自治区、直辖市）的平均水平，排名最靠前的安徽和排名最靠后的湖南极差为 0.046。

东北地区的辽宁、黑龙江和吉林政府政策支持度排名都较低，分别位于第 23、27、29 位，且指数值均低于参评省（自治区、直辖市）的平均水平，排名最靠前的辽宁和排名最靠后的吉林极差为 0.026。

3. 政府政策支持度对区域绿色发展的影响分析

政府政策支持度是绿色发展指数的三大一级指标之一，在区域绿色发展指数中所占权重为 30%。政府政策支持和实施力度差异，直接影响着绿色经济发展水平的排序。

从测算结果可以发现，多数地区政府政策支持度指数排序与绿色发展指数排序存在差异（表 3–3），名次差异在 5 位（含 5 位）以上的省（自治区、直辖市）有 15 个，占比为 50.00%；排名差异 10 个位次及以上的省（自治区）有 5 个，分别是天津、黑龙江、河北、宁夏和新疆。河北、宁夏和新疆 3 个省（直辖市）因政策支持度指数较高而明显拉升了绿色发展指数。黑龙江和天津 2 个省（自治区、直辖市）政策支持度指数值则相反，较为明显地拉低了绿色发展指数水平。此外，绿色发展指数排名前 10 位的省（自治区、直辖市）中，除北京、山东、内蒙古、海南、外，其余 6 个省（直辖市）都表现出政策支持力度指数相对较弱，从而影响了绿色发展指数的进一步提升；绿色指数排名后 10 位的地区中，有 5 个地区政府政策支持度的排名在后 10 位。

表 3–3　2019 中国省际绿色发展指数与政府政策支持度指数排名差异分析

地区	绿色发展指数排名	政府政策支持度排名	位次变化	地区	绿色发展指数排名	政府政策支持度排名	位次变化
北京	1	1	0	甘肃	16	25	–9
内蒙古	2	3	–1	云南	17	24	–7
上海	3	7	–4	湖南	18	26	–8
浙江	4	6	–2	湖北	19	20	–1
福建	5	13	–8	河北	20	5	15
山东	6	2	4	贵州	21	15	6
天津	7	18	–11	江西	22	14	8
海南	8	4	4	四川	23	28	–5
江苏	9	8	1	河南	24	21	3
重庆	10	12	–2	吉林	25	29	–4
黑龙江	11	27	–16	山西	26	19	7
安徽	12	9	3	青海	27	30	–3
广西	13	17	–4	辽宁	28	23	5
广东	14	16	–2	宁夏	29	11	18
陕西	15	22	–7	新疆	30	10	20

注：本表根据表 0–3 和表 3–1 整理而得。

二、省际政府政策支持度比较分析

政府政策支持度由绿色投资、基础设施、环境治理 3 个二级指标构成，其权重分别为 7.5%、13.5% 和 9%。以下从绿色投资指标、基础设施指标以及环境治理指标三个方面进行比较分析，以进一步剖析各地区政府政策支持度特征。

1. 省际绿色投资指标测算结果及分析

绿色投资指标由环境保护支出占财政支出比重、环境污染治理投资占地区生产总值比重、农村人均改厕的政府投资、单位耕地面积退耕还林投资完成额、科教文卫支出占财政支出比重 5 个三级指标构成，占政府政策支持度指数的权重为 25%，占绿色发展指数权重的 7.5%，各项指标的权重采用均权法，各占 1.5%（如表 3–4）。

表 3–4　2019 中国省际绿色投资三级指标、权重及指标属性

指标序号	指标	权重	指标属性
1	环境保护支出占财政支出比重	1.5%	正
2	环境污染治理投资总额占地区生产总值比重	1.5%	正
3	农村人均改厕的政府投资	1.5%	正
4	单位耕地面积退耕还林投资完成额	1.5%	正
5	科教文卫支出占财政支出比重	1.5%	正

注：本表内容是由本报告课题组召开的多次研讨会确定的。

测算结果表明（如表 3–5 和图 3–3），绿色投资指数值最高的贵州为 0.054，指数值最低的辽宁为 0.010，极差为 0.044。共有 16 个省（自治区、直辖市）指数值不低于参评省（自治区、直辖市）的平均值。

按指数值高低，排在前 10 名的省（自治区、直辖市）依次是：贵州、山东、山西、北京、广西、安徽、河北、宁夏、陕西和云南；其中，西部省（自治区）5 个、东部省（直辖市）3 个、中部有 2 个。

排在第 11—20 位的省（自治区、直辖市）依次是：海南、江西、重庆、新疆、内蒙古、甘肃、青海、浙江、河南和湖北；其中，西部省（自治区、直辖市）5 个，中部省 3 个，东部省 2 个。

排在后 10 位的省（直辖市）依次是：四川、广东、福建、江苏、吉林、湖南、上海、黑龙江、天津和辽宁；其中，东部省（直辖市）5 个、东北地区 3 个、西部省 1 个、中部省 1 个。

表 3–5　2019 中国省际绿色投资指标指数值及排名

地区	指数值	排名	地区	指数值	排名
贵州	0.054	1	甘肃	0.027	16
山东	0.040	2	青海	0.026	17
山西	0.035	3	浙江	0.026	18
北京	0.034	4	河南	0.024	19
广西	0.033	5	湖北	0.023	20
安徽	0.032	6	四川	0.023	21
河北	0.032	7	广东	0.023	22
宁夏	0.032	8	福建	0.023	23
陕西	0.031	9	江苏	0.022	24
云南	0.031	10	吉林	0.021	25
海南	0.030	11	湖南	0.020	26
江西	0.030	12	上海	0.012	27
重庆	0.029	13	黑龙江	0.011	28
新疆	0.028	14	天津	0.010	29
内蒙古	0.027	15	辽宁	0.010	30

注：1. 以上数据及排名根据《中国统计年鉴 2018》《中国环境统计年鉴 2018》《中国环境统计年报 2015》《中国城市统计年鉴 2018》《中国水利统计年鉴 2018》《中国工业统计年鉴 2018》《中国沙漠及其治理》等测算。2.30 个测评省（自治区、直辖市）的绿色投资指标的平均水平为 0.027。

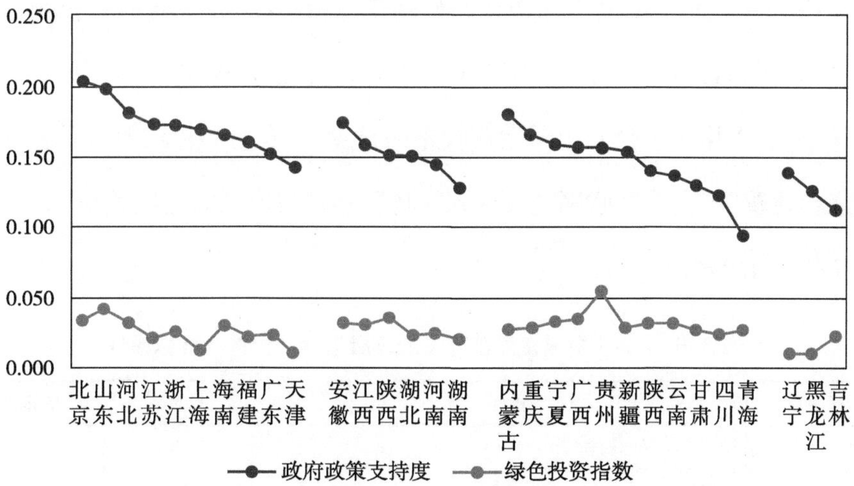

图 3–3　2019 中国省际绿色投资指数与政府政策支持度指数对比

注：本表从东部、中部、西部和东北地区划分的角度，根据政府政策支持度指数大小自左到右排列。

分区域看，西部各省（自治区、直辖市）总体排名都靠前，在绿色投资指标上的指数值具有整体优势，在全国前 10 中占了 5 位，而且除青海和四川两省外，其余省（自治区）指数值均不低于所有参评省（自治区、直辖市）的平均值，极差为 0.031。东部各省（直辖市）绿色投资指标指数值有明显差异，指数值较高的山东居于全国第 2 位，北京位次由去年第 1 下降至今年的第 4 位，此外河北也位于前 10，海南、浙江排在中间水平，但广东、福建、江苏、上海和天津处于后 10 位，极差为 0.030。东北地区辽宁和黑龙江指数值差异较小，吉林与这两个省有一定的差距，但这三个省均处于全国后 10 位，极差为 0.011。中部地区省际整体差异相对东部和西部地区较小，且分两组在两端聚居，除山西、安徽、江西排名前 15 外，其余 3 个省份指数值均处于排名后 15 位，且处于所有参评省（自治区、直辖市）的平均值之下，极差为 0.015。

2. 省际基础设施指标测算结果及分析

在政府政策支持度测算体系中，基础设施指标占政府政策支持度指数的权重为 45%，共由 9 个三级指标构成，分别是“城市人均绿地面积”“城市用水普及率”“城市污水处理率”“城市生活垃圾无害化处理率”“城市每万人拥有公交车辆”“人均城市公共交通运营线路网长度”“农村累计已改水受益人口占农村人口比重”“人均互联网宽带接入端口”和“建成区绿化覆盖率”，每个指标权重均为 1.5%（见表 3–6）。

表 3–6　2019 中国省际基础设施三级指标、权重及指标属性

指标序号	指标	权重	指标属性
6	城市人均绿地面积	1.5%	正
7	城市用水普及率	1.5%	正
8	城市污水处理率	1.5%	正
9	城市生活垃圾无害化处理率	1.5%	正

续表

指标序号	指标	权重	指标属性
10	城市每万人拥有公交车辆	1.5%	正
11	人均城市公共交通运营线路网长度	1.5%	正
12	农村累计已改水受益人口占农村人口比重	1.5%	正
13	人均互联网宽带接入端口	1.5%	正
14	建成区绿化覆盖率	1.5%	正

注：本表内容是由本报告课题组召开的多次研讨会确定的。

测算结果表明（表 3–7 和图 3–4），基础设施指数地区差异最大，极差为 0.076，大于绿色投资指数和环境治理指数的地区差异。其中，指数值最高的是北京，为 0.107，指数值最低的贵州为 0.031。有 17 个省（自治区、直辖市）不低于所有参评省（自治区、直辖市）的平均值。

其中，排在前 10 位的省（自治区、直辖市）依次是北京、上海、浙江、山东、江苏、天津、广东、新疆、福建和河北，其中除新疆外，其他 9 个均为东部省（直辖市），东部省（直辖市）在基础设施指标指数值上的绝对优势更加凸显。

排在第 11—20 位的依次是宁夏、辽宁、海南、内蒙古、安徽、重庆、湖北、江西、黑龙江和广西，其中，东部 1 个省，中部 3 个省、西部 4 个省（自治区、直辖市），东北 2 个省。

排名后 10 位的依次为湖南、甘肃、山西、陕西、河南、云南、四川、青海、吉林和贵州，其中，中部省 3 个、西部省 6 个、东北地区 1 个。

表 3–7　2019 中国省际基础设施指标指数值及排名

地区	指数值	排名	地区	指数值	排名
北京	0.107	1	重庆	0.065	16
上海	0.092	2	湖北	0.064	17
浙江	0.087	3	江西	0.063	18
山东	0.084	4	黑龙江	0.053	19
江苏	0.084	5	广西	0.052	20

续表

地区	指数值	排名	地区	指数值	排名
天津	0.083	6	湖南	0.052	21
广东	0.079	7	甘肃	0.051	22
新疆	0.078	8	山西	0.051	23
福建	0.072	9	陕西	0.049	24
河北	0.072	10	河南	0.045	25
宁夏	0.071	11	云南	0.044	26
辽宁	0.070	12	四川	0.041	27
海南	0.070	13	青海	0.039	28
内蒙古	0.069	14	吉林	0.035	29
安徽	0.066	15	贵州	0.031	30

注：1. 以上数据及排名根据《中国统计年鉴 2018》《中国环境统计年鉴 2018》《中国环境统计年报 2015》《中国城市统计年鉴 2018》《中国水利统计年鉴 2018》《中国工业统计年鉴 2018》《中国沙漠及其治理》等测算。2.30 个测评省（自治区、直辖市）的基础设施指标的平均水平为 0.064。

分区域看，东部地区基础设施最具优势，除海南外，各省（自治区、直辖市）基础设施指数值均位于全国前 10，且各省（自治区、直辖市）均高于所有参评省（自治区、直辖市）平均值，指数值最高的北京和排名靠后的海南指

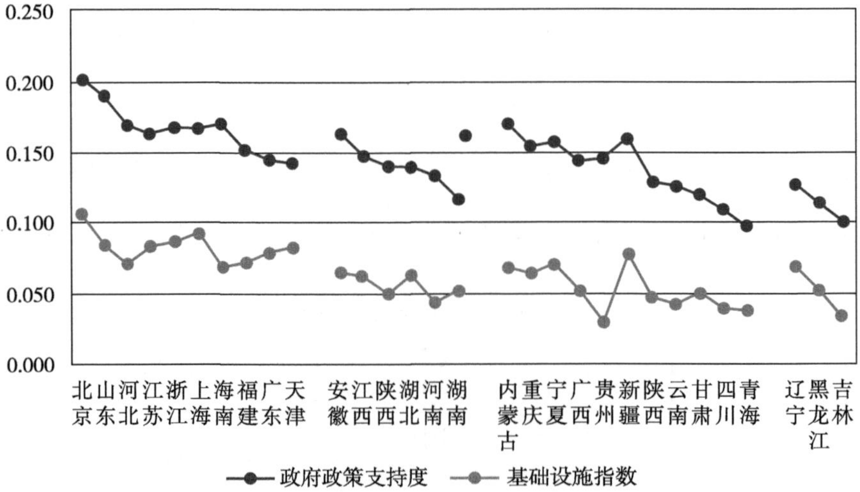

图 3-4　2019 中国省际基础设施指数与政府政策支持度指数对比

注：本表从东部、中部、西部和东北地区划分的角度，根据政府政策支持度指数大小自左到右排列。

数值极差为 0.037。中部省内部差别最小，除安徽、湖北外，均低于所有参评省（自治区、直辖市）的平均值，极差为 0.021。西部地区各省（自治区、直辖市）差异显著，其中新疆指数值 0.078，位列全国第 8，而贵州指数值仅为 0.031，位列最后 1 位，极差为 0.047。东北三省差异也很明显，辽宁指数值为 0.070，居全国第 12，而黑龙江和吉林分列第 19、29 位，均低于所有参评省（自治区、直辖市）平均值，极差为 0.035。

3. 省际环境治理指标测算结果及分析

在政府政策支持度测算体系中，环境治理指标占政府政策支持度指数的权重为 30%，由 6 个三级指标构成，分别是“人均当年新增造林面积”“工业二氧化硫去除率”“工业废水化学需氧量去除率”“工业氮氧化物去除率”和“工业废水氨氮去除率”和“突发环境事件次数”，每个指标权重均为 1.5%（见表 3–8）。

表 3–8　2019 中国省际环境治理三级指标、权重及指标属性

指标序号	指标	权重	指标属性
15	人均当年新增造林面积	1.5%	正
16	工业二氧化硫去除率	1.5%	正
17	工业废水化学需氧量去除率	1.5%	正
18	工业氮氧化物去除率	1.5%	正
19	工业废水氨氮去除率	1.5%	正
20	突发环境事件次数	1.5%	逆

注：本表内容是由本报告课题组召开的多次研讨会确定的。

测算结果表明（表 3–9 和图 3–5），地区间环境治理指数极差为 0.040，相比基础设施指数和绿色投资指数而言，其差异程度最小。其中，指数值最高的内蒙古为 0.073，指数值最低的青海为 0.033。有 14 个省（自治区、直辖市）高于所有参评省（自治区、直辖市）的平均值。

排在前 10 位的省（自治区、直辖市）依次是内蒙古、海南、河北、山东、安徽、上海、河南、贵州、重庆和北京，其中，东部省（直辖市）5 个、中部省 2 个、西部省（自治区、直辖市）3 个。

排在第 11—20 位的省（直辖市）依次是广西、江苏、福建、浙江、山西、宁夏、江西、新疆、云南和湖北，其中，东部省 3 个、中部省 3 个、西部省（自治区）4 个。

排在后 10 位的省（自治区、直辖市）依次是黑龙江、天津、陕西、辽宁、四川、吉林、湖南、广东、甘肃和青海，其中，东部省（直辖市）2 个、中部省 1 个、西部省 4 个、东北地区 3 个。

表 3-9　2019 中国省际环境治理指标指数值及排名

地区	指数值	排名	地区	指数值	排名
内蒙古	0.073	1	宁夏	0.054	16
海南	0.069	2	江西	0.053	17
河北	0.064	3	新疆	0.052	18
山东	0.064	4	云南	0.051	19
安徽	0.064	5	湖北	0.051	20
上海	0.062	6	黑龙江	0.050	21
河南	0.062	7	天津	0.049	22
贵州	0.061	8	陕西	0.049	23
重庆	0.060	9	辽宁	0.048	24
北京	0.060	10	四川	0.046	25
广西	0.058	11	吉林	0.046	26
江苏	0.058	12	湖南	0.044	27
福建	0.055	13	广东	0.043	28
浙江	0.055	14	甘肃	0.042	29
山西	0.054	15	青海	0.033	30

注：1. 以上数据及排名根据《中国统计年鉴 2018》《中国环境统计年鉴 2018》《中国环境统计年报 2015》《中国城市统计年鉴 2018》《中国水利统计年鉴 2018》《中国工业统计年鉴 2018》《中国沙漠及其治理》等测算。2. 30 个测评省（自治区、直辖市）的环境治理指标的平均水平为 0.054。

分区域看，东部地区环境治理整体指数值比较高，除广东和天津外，其余省（直辖市）指数值均高于所有参评省（自治区、直辖市）的平均值，其中海南排全国第 2 位，广东却名列第 28 位，极差为 0.026。中部地区指数值的省际整体差异相对较小，六省中，安徽以 0.064 的指数值位居第 5 位，排名靠后的湖南为 0.044，极差为 0.020。西部省际差异较为显著，省际差距较大，内蒙古以 0.073 居全国第 1 位，青海以 0.033 排在全国最后一位，极差为 0.040。东北三省中黑龙江最高，其次是辽宁，吉林最低，均低于所有参评省（自治区、直辖市）的平均值，省际指数值差异最小，极差为 0.004。

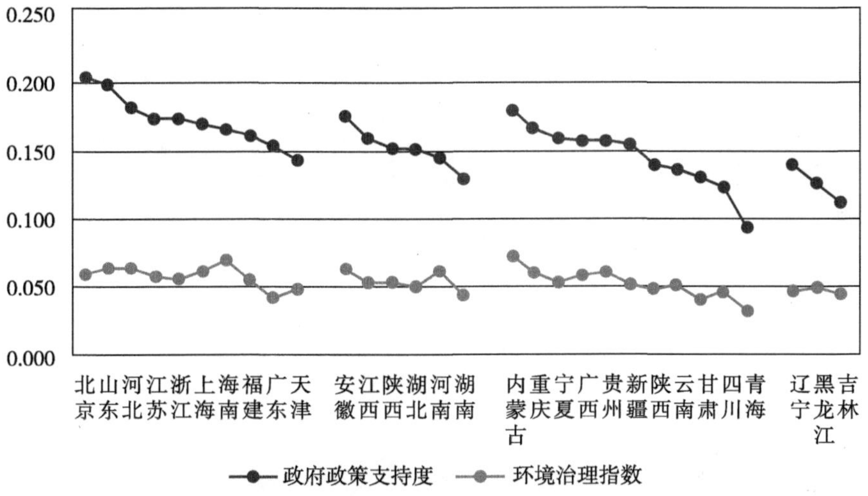

图 3-5　2019 中国省际环境治理指数与政府政策支持度指数对比

注：本图从东部、中部、西部和东北地区划分的角度，根据政府政策支持度指数大小自左到右排列。

第四章

新时代中国绿色发展战略研究

改革开放以来，中国创造了连续 34 年经济平均增速达到 9.8% 以上的增长奇迹，然而这一阶段的快速发展也带来了一系列的资源环境问题。习近平总书记指出："工业化创造了前所未有的物质财富，也产生了难以弥补的生态创伤。"[①] 过去高耗能、高污染、高排放的粗放发展方式已经难以为继，经济社会发展面临的资源环境约束日渐趋紧。绿色发展是当前全球所有国家和地区共同面临的复杂课题，也是中国新时代高质量发展的重大任务，对实现经济发展与资源环境的有机协调，人与自然的和谐共生，推动生态文明建设迈上新台阶都具有重大意义。中国经济发展进入新时代，绿色发展在国家发展战略中的地位切实凸显，五位一体的总布局与五大发展理念的交集皆在绿色发展。如何通过绿色发展解决当前中国经济发展和生态环境保护之间的不平衡，是实现"绿水青山金山银山兼收并蓄"的必由之路。

一、绿色发展是新时代高质量发展的底色

2017 年中央经济工作会议指出"我国经济发展进入了新时代，基本特征就是我国经济已由高速增长阶段转向高质量发展阶段"。高质量发展以"创新、协调、绿色、开放、共享"五大发展理念为指导，即创新是第一动力，协调是内生特点，绿色是普遍形态，开放是必由之路，共享是根本目的，旨在完成传

① 习近平在 2019 年中国北京世界园艺博览会开幕式上的讲话 .2019-04-28.http:/cpc.people.com.cn/

统经济向更高水平、更有效率、更可持续、更加开放、更加公平的“新”经济的转换。高质量发展是中国社会发展进入新时代的必然要求，是解决人民日益增长的美好生活需要和不平衡不充分发展之间矛盾的必然选择。

当前中国“最突出的不平衡”之一就是经济发展和生态环境保护的不平衡，面对新时代人民对优美生态环境的更高需求，要“提供更多优质生态产品”“形成绿色发展方式和生活方式”，走资源节约、生态友好的绿色发展道路。因此，在中国经济由高速增长向高质量发展转换的关键时期，必须要将绿色发展同高质量发展紧密结合，形成“高质量绿色发展”模式，尽可能地在兼顾经济增长的同时实现资源节约和环境改善，不断推动发展方式由粗放式向集约式转变、产业结构由劳动、资源密集型向知识技术密集型转变，增长动力由要素驱动向创新驱动转变。绿色化已成为中国现阶段经济发展的新任务、推进生态文明建设的新要求，绿色发展成为中国新时代高质量发展的底色。

二、新时代中国绿色发展的特征

1. 绿色发展水平区域间梯度差异明显

第一，绿色发展水平区域间梯度差异明显。从绿色发展指数地理区域划分的角度看，中国绿色发展水平表现出明显的地区差异，2019 东部地区绿色发展指数以 0.375 稳居第一位，西部地区绿色发展指数以 0.323 位居第二位，中部地区绿色发展指数以 0.314 位居第三位，东北地区绿色发展指数处于最后一位，仅为 0.311。具体来看，东部地区得益于较强的经济基础和政府的高度支持，预计未来仍将保持领先位势并进一步拉大与其余地区的差距；西部地区得益于丰厚的资源环境禀赋不断提升绿色发展水平，而排名靠后的中部、东北地区受制于较差的经济基础和相对脆弱的生态环境，其绿色发展水平的快速提升受到一定限制。

2. 经济发展水平同绿色发展水平相关度较大

经济增长绿化度是对一个地区经济发展过程中绿色程度的综合评价，一个地区的经济增长绿化度会在一定程度上对该地区整体的绿色发展水平产生较大影响。2019 东部地区经济增长绿化度指数为 0.111，中部地区经济增长绿化度指数为 0.075，西部地区经济增长绿化度指数为 0.061，东北地区经济增长绿化度指数为 0.064，经济增长绿化度总体呈现东部较好、中部居中，西部和东北地区偏低的空间分异格局。具体到经济增长绿化度的 4 个细分指标来看，东部地区也均高于其他三个地区。一般来说，经济越发达地区，其经济增长绿化度相对较高，它对绿色发展指数水平的贡献也相对较大；反之，经济越落后地区，其经济增长绿化度相对较低，它对绿色发展指数水平的贡献也相对较小，经济发展水平同绿色发展水平呈现出一定的正向相关关系。

3. 资源环境承载潜力对绿色发展水平贡献较低

资源环境承载潜力衡量的是一个地区资源丰裕、生态保护、环境压力与气候变化等对今后经济发展和人类活动的承载能力，是绿色发展的重要内涵之一。2019 东部地区资源环境承载潜力指数为 0.097，中部地区资源环境承载潜力指数为 0.100，西部地区资源环境承载潜力指数为 0.124，东北地区资源环境承载潜力指数为 0.132。东北地区和西部地区明显好于东部地区和中部地区。从细分指标资源丰裕与生态保护来看，资源丰裕与生态保护指标排名较为靠前的省份，其资源环境承载潜力也相对较大，这在一定程度上表明资源环境承载潜力的区域差异主要来自资源丰裕与生态保护方面，但不少资源环境承载潜力较高的地区（如甘肃），其绿色发展水平往往低于资源环境承载潜力较低的地区（如天津），原因在于这些资源环境承载潜力较高的地区尚未将资源环境禀赋优势转换为经济社会发展动力，加之经济增长绿化度和政府政策支持度对绿色发展的促进效应微弱，最终阻碍了绿色发展水平的提升。

4. 政府政策支持与绿色发展水平密切相关

政府政策支持度可以客观反映各地区政府对绿色发展的重视程度和支持力度，是绿色发展的重要组成部分。2019 东部地区政府政策支持度指数为 0.166，中部地区政府政策支持度指数为 0.139，西部地区政府政策支持度指数为 0.137，东北地区政府政策支持度指数为 0.115，政府政策支持度整体呈现出东部最好，中、西部较好，东北地区偏低的局面。从政府政策支持度的细分指标来看，各地区在绿色投资、基础设施、环境治理方面的优势与短板不尽相同。就绿色投资指标来说，东部地区（0.025）和东北地区（0.014）低于全国平均水平（0.0266），中部地区（0.0273）和西部地区（0.031）均高于全国平均水平；就基础设施指标来说，东部地区（0.083）明显高于全国平均水平（0.064），中部地区（0.057）、西部地区（0.054）和东北地区（0.053）均低于全国平均水平；就环境治理指标来说，东部地区（0.058）、中部地区（0.055）均高于全国平均水平（0.054），西部地区（0.053）略低于全国平均水平，东北地区（0.048）明显低于全国平均水平。

事实上，政府在地区的绿色发展中扮演着规划者、引领者、监管者和示范者的角色，政府政策支持和实施力度的差异，直接影响着绿色发展水平的排序。一般来说，政府政策支持度越高的地区，其绿色发展水平就相对较高，反之，政府政策支持度较低的地区，其绿色发展水平也相对较低。

5. 中国绿色发展水平仍有很大的上升空间

虽然近年来中国绿色发展取得了很大成绩，但同国际水平相比还有较大差距。耶鲁大学从 2006 年开始每两年发布一次环境绩效指数（Environmental Performance Index，简称 EPI），这是国际上反映一个国家和地区环境状况的权威指标，可以用于反映中国同世界其他国家在绿色发展水平之间的差距。2018 年 EPI 排名中一共包括了 181 个国家和地区，中国位列 120 名，排名靠后的主要原因在于空气质量绩效较差，特别是空气污染—PM2.5 的暴露平均值（1.05 分）、空气污染—PM2.5 的超标率指标（12.44 分）成绩较低。但中国在水与卫生（68.24 分）、渔业（70.41 分）、气候与能源（68.62 分）方面得分相对较高，这表明中国在提升绿色发展水平方面取得了一定的进展，未来仍存在很大的上升空间。

三、新时代中国绿色发展面临的障碍

1. 绿色发展协同效应难以充分发挥

中国绿色发展水平在区域和行政区划之间存在着明显差异。东部地区的绿色发展水平显著高于其他三个地区，而区域之间经济增长绿化度、资源环境承载潜力和政府政策支持度等方面差距越大，绿色发展水平差异就越大，增长极的协同效应就越难发挥。东部地区除在资源环境承载潜力方面排名靠后以外，经济增长绿化度和政府政策支持度排名均为第 1 位。此外，就四大区域内各省（自治区、直辖市）绿色发展水平评价结果来看，东部地区 10 个省（直辖市）中，8 个省（直辖市）排名位居全国前 10 位，其余 2 个省（自治区、直辖市）排名均在全国第 11 至 20 位之间；中部地区 6 个省中，安徽、湖南、湖北排名第11至20位之间，其余3省则位于第21至30位之间；西部地区11个参评的省（自治区、直辖市）中，内蒙古、重庆分列全国第2位、第10位，其余各省（自治区）排名全部位居全国中下游；东北地区3个省份中，仅黑龙江排名全国第11位，吉林和辽宁分别位于第25位和第28位。可以看出，各地区的各省（自治区、直辖市）之间的绿色发展水平也存在较为明显差距，这在一定程度上也阻碍了整个区域内绿色发展水平的协同提升。

2. 产业绿色转型困难

绿色发展离不开产业这一基本载体的支撑，产业绿色转型升级是推进绿色发展的重要组成部分，但中国产业绿色转型的过程中仍面临以下问题：

首先，传统产业重复建设、产能过剩问题突出。为应对国际金融危机而实施的“十大产业振兴规划”等刺激总需求的政策在为钢铁、水泥、煤炭等传统高能耗、高污染的行业带来巨大市场需求的同时，也在一定程度上扭曲了市场资源配置，加剧了产能过剩问题，造成了大量的资源损耗和环境污染，产生了巨大的负外部性。

其次，惯性市场需求导致传统产业绿色升级改造动力不足。目前中国居民尤其是部分农村居民的可支配收入仍处于较低水平，同时由于环境保护意识淡薄，消费者选择日常产品消费的首要考虑因素仍然是“价廉”而非“绿色”。因此，部分低经济成本、高生态成本的传统行业仍占据一大部分市场需求，导致这些行业进行绿色升级改造的动力不足。

最后，绿色产业发展规模较小，融资能力较弱。中国绿色产业起步较晚，总体上仍处于低水平发展阶段。据估算2018年中国绿色产业产值为7.8万亿元，仅占全年GDP总额的8%左右。此外，受绿色产业投资需求高、投资风险大、投资回报慢等因素的影响，绿色产业普遍面临“融资难、融资贵”的困境。

3. 绿色科技创新水平不高

绿色科技创新现已成为促进经济增长与环境保护的主要推动力，是实现绿色发展的重要手段，但中国整体绿色科技创新水平仍亟待提升。

首先，绿色专利有效数量在中国专利有效数量中占比不高。截至 2017 年，中国专利有效数量为 2085367 件，绿色专利有效数量为 136124 件，其中，国内绿色专利有效量为 99993 件，国外来华绿色专利有效量 36131 件。可以看出，绿色专利有效数量仅占中国专利有效数量的 6.5%，国内绿色专利有效数量仅占中国专利有效数量的 4.7%，绿色专利有效数量占比偏低。

其次，企业的绿色技术创新成果不足。企业作为创新活动的主体，在绿色技术创新领域却未能充分发挥创新主体的引领和示范作用。2017 年中国绿色专利申请量排名前 20 的申请人中，国外申请人为 3 家，国内申请人为 17 家，这其中仅有 3 家企业共申请绿色专利 1450 件，其余 14 位国内申请人则全部为高校，其申请绿色专利为 3795 件。这表明无论是申请人数量还是绿色科技创新成果数量，企业都远远落后于高校。

最后，绿色科技创新主要集中在污染控制的末端环节。2017 年国内有效绿色专利主要集中在污染控制与治理（36450 件）、替代能源（19426 件）、环境材料（26981 件）和节能减排（9877 件）四个领域。其中，污染控制与治理在中国绿色专利中占比最高达 37%，这些专利主要作用于污染控制的末端环节，治理效果较为单一。而来华进行绿色专利布局的国外发达国家则将重点放在了替代能源和节能减排领域，这可以使能源和产业结构得到双重优化，实现经济增长和节能减排的双赢。

4. 绿色发展制度设计存在一定短板

目前，中国绿色发展面临许多来自制度设计方面的障碍，现存很多体制机制与绿色发展的理念相悖。

首先，地方政府官员考核晋升机制不合理。长期以来，各级政府部门在考评业绩时更多地重视经济总量和经济发展速度。尽管这在经济发展初期是必要的，但客观上也形成了以 GDP 论英雄的评价导向。这种考评体系片面强调 GDP 增长，不顾资源环境承载能力，可能是引发资源过度消耗、环境严重破坏的根源。

其次，环境补偿机制不健全。现有的补偿制度主要是通过行政手段分摊到中下游的发达地区，对生态环境治理和建设行使道义上的对口支援。这样就把本来应当是流域的中下游发达地区对流域的上游地区生态环境所负有补偿的责任，变成发达地区对欠发达地区的同情或扶贫，也就必然导致生态脆弱或资源富集地区的利益长期受损，从而丧失了地区经济发展机会。

最后，绿色监督机制不完善。在绿色发展过程中，公众是监督政府和企业行为以及参与环境保护的主体，但现行法律法规中缺乏对公众参与社会监督和环境保护的权利与义务的清晰界定，公众参与度不高，社会监督长期流于形式。

四、新时代中国绿色发展的路径选择

基于以上中国绿色发展的实际情况，未来中国绿色发展的提升路径应该是：促进四大区域发展“新协同”，推进产业绿色转型“新模式”，实现绿色技术创新“新引领”，释放政府政策支持“新活力”。

1. 促进四大区域发展“新协同”

首先，对于绿色发展水平较高的东部地区，要利用先发优势辐射带动中西部地区和东北地区的绿色发展。依托“飞地”模式为区域之间绿色产业转移、绿色技术研发、绿色基础设施共建等提供制度通道和空间依托，促进更大范围、更深层次的区域合作，缩小地区间绿色发展水平的差距。

其次，对于绿色发展进程较慢的中部地区，要充分发挥其承东启西、连南通北的区位优势，制定适合本地区的绿色发展战略规划，建立健全区域污染联防联控机制以及“一江、两河、三湖”的流域生态补偿机制，严格把控承接产业转移的环保准入门槛，全面提升绿色发展水平。

最后，对于拥有丰富资源禀赋的西部地区和东北地区，要把握新时代社会主义现代化对生态文明建设的战略要求和契机，将生态成本引入绿色发展的顶层设计之中。同时加大力度培育非资源型产业重点项目，合理规划非资源型产业布局，通过产业链条延伸、产业战略重组、发展新优势产业等方式逐渐降低对资源的依赖程度。

2. 推进产业绿色转型“新模式”

首先，化解过剩产能，推动传统产业转型升级。加快淘汰落后低端过剩产能，完善和优化资本密集型企业的市场准入和退出门槛，杜绝重复建设，将资源高效利用、环境保护以及污染治理的绿色发展理念贯穿于传统产业发展活动的全过程。同时大力研发清洁技术和绿色工艺，并以此创造新的经济增长点，推动传统产业向低耗、高效的方向转型升级。

其次，引导绿色消费行为，刺激绿色消费需求。政府要培养公众的绿色环保意识，普及绿色消费理念。同时加强对绿色产品销售的支持力度，适当运用减免税收、发放津贴等方式降低绿色产品价格，增强绿色产品在市场中的竞争力。

最后，培育壮大龙头企业，扩宽绿色产业融资渠道。加快绿色产业体系的建立离不开龙头企业，而要做大做强龙头企业，需要大力推进技术改造与升级，提高品牌的知名度，扩大产品市场份额，进而发挥辐射作用，带动整个行业的快速发展。同时，培育绿色产业需要投入大量的资金，不能单单依靠政府的财政支持，还要通过建立系统有效的绿色金融体系，充分调动私人投资和社会投资进入绿色产业的积极性，不断扩宽绿色产业的融资渠道。

3. 实现绿色技术创新"新引领"

首先，不断加大对绿色技术创新的投入力度。中美贸易摩擦给我们留下深刻启示，即核心技术的获取必须要依靠独立自主研发，单纯依靠外部市场具有相当大的不稳定性。因此必须进一步加大对绿色核心技术研发的投入力度，提升科研经费使用效率，不断为绿色技术创新注入活力。

其次，强化企业在绿色技术创新中的主体地位。各级政府要加大对企业绿色技术创新的支持力度，充分发挥市场机制的作用让更多拥有核心专业技术、自主研发能力强的企业真正参与并主导绿色技术创新，解决目前科研与产业脱节的困境，提升绿色科技创新成果的转化效率。

最后，引导绿色技术创新方向。绿色科技创新要以市场需求为导向，逐渐摆脱现有以传统的末端治理为目标的绿色技术创新标准，不断对标国际先进水平，突破在替代能源、清洁生产、节能减排等方面的技术障碍，将绿色技术创新持续应用于生产的全过程，切实提高绿色技术创新能力。

4. 释放政府政策支持"新活力"

首先，将绿色发展效率指标纳入政府的政绩考核。各级政府应把与绿色发展密切相关的一些指标，如资源消耗、环境保护、生态效益等，纳入官员晋升的综合评价体系之中，强化污染减排目标责任考核。对排放污染造成严重后果的，依法追究刑事责任，从而使绿色发展理念对各级干部的行为形成有效的正向激励，使绿色发展成为干部政绩的主旋律。

其次，建立健全生态环境补偿机制。生态补偿要坚持谁污染谁治理、谁破坏谁恢复、谁受益谁付费的原则。对生态环境造成负外部性的企业或个人必须缴纳一定补偿费用或修复其对生态环境造成的损害；从良好的生态环境中受益的企业或个人也应适当付费并自觉履行应尽的环保义务，从而逐步建立公平公正、积极有效的生态环境补偿机制。

最后，完善绿色发展的公众监督机制。各级政府要通过建立切实有效的法律法规，明确和细化公众监督的权利和义务，增强公众监督的权威性，提升公众在地区绿色发展中的话语权，同时积极扩宽公众参与地区绿色发展的监督渠道，通过举行座谈会、听证会或者利用政府网站和社会媒体等方式听取社会各界的建议，调动公众参与绿色监督的积极性。

参考文献

[1] Charnes, W. W. Cooper, Q. L. Wei. Cone Ratio Data Envelopment Analysis and Multi-objective Programming. International Journal of Systems Science, 1989.

[2] ADB & IGES. Towards Resource-Efficient Economies in Asia and the Pacific. Asian Development Bank & Institute for Global Environmental Strategies, 2008.

[3] Dasgupta P. Economics: A Very Short Introduction.London: Oxford University Press,2007.

[4] H.Fukuyama, W. L. Weber. A Directional Slacks-based Measure of Technical Inefficiency . Socio-Economic Planning Sciences, 2009.

[5] Hsu, A. et al. 2016 Environmental Performance Index. New Haven, CT: Yale University, 2016. Available: www.epi.yale.edu.

[6] International Resource Panel. Decoupling natural resources use and environmental impacts from economic growth. 2011.

[7] J. X. Zhang, N. Cai. Study on the Green Transformation of China' s Industry Contemporary Asian Economy Research， 2014.

[8] K.Tone. A Slacks Based Measure of Efficiency in Data Envelopment Analysis European Journal of Operational Research, 2001.

[9] OECD. Extended Producer Responsibility - A Guidance Manual for Governments, OECD, Paris, 2001.

[10] R. D. Banker, A. Charnes, W. W. Cooper. Some Models for Estimating Technical and Scale Inefficiencies in Data Envelopment Analysis Management Science, 1984.

[11] R.Fare, S.Grosskopf, C. A. Knox Lovell, S. Yaisawarng. Derivation of Shadow Prices for Undesirable Outputs: A Distance Function Approach. The Review of Economics and Statistics, 1993.

[12] The World Bank Group. World Development Indicators.World Bank,2012.

[13] UNDESA. National sustainable development strategies - the global picture, unpublished briefing note, United Nations Department of Economic and Social Affairs, 2012.

[14] UNEP. Planning For Change - Guidelines for National Programmes on Sustainable Consumption and Production, 2008.

[15] UNIDO & UNEP. Enterprise-Level Indicators for Resource Productivity and Pollution Intensity:

A Primer for Small and Medium-Sized Enterprises. 2011.

[16] UNIDO & UNEP. Good Organization, Management and Governance Practices: A Primer for Providers of Services in Resource Efficient and Cleaner Production (RECP). 2010.

[17] UNIDO & UNEP. Taking Stock and Moving Forward: The UNIDO-UNEP National Cleaner Production Centres. Austria,2010.

[18] UNIDO. A Greener Footprint for Industry: Opportunities and Challenges of Sustainable Industrial Development. Vienna, 2010.

[19] UNIDO. Energy and Climate Change: Greening the Industrial Agenda. Vienna, 2009.

[20] UNIDO. Enterprise Benefits from Resource Efficient and Cleaner Production: Successes from Kenya/ Peru/ Sri Lanka. 2011.

[21] UNIDO. Industrial Policy for Prosperity: UNIDO’s Strategic Support, 2011.

[22] UNIDO. Joint UNIDO-UNEP Programme on Resource Efficient and Cleaner Production in Developing and Transition Countries. 2010.

[23] UNIDO. Policy Framework for Supporting the Greening of Industries.2011.

[24] UNIDO. UNIDO Green Industry: Policies for Supporting Green Industry. Vienna, May 2011.

[25] World Bank. Cost of Pollution in China: Economic Estimates of Physical Damages. Conference edition. Washington DC, 2007.

[26] Y. H.Chung, R. Färe, S. Grosskopf. Productivity and Undesirable Outputs: A Directional Distance Function Approach. Journal of Environmental Management, 1997.

[27] 北京师范大学经济与资源管理研究院，西南财经大学发展研究院. 2014 人类绿色发展报告 [M]. 北京：北京师范大学出版社，2014.

[28] 北京师范大学科学发展观与经济可持续发展研究基地等. 2010 中国绿色发展指数年度报告——省际比较 [M]. 北京：北京师范大学出版社，2010.

[29] 北京师范大学科学发展观与经济可持续发展研究基地等. 2011 中国绿色发展指数报告——区域比较 [M]. 北京：北京师范大学出版社，2011.

[30] 北京师范大学科学发展观与经济可持续发展研究基地等. 2012 中国绿色发展指数报告——区域比较 [M]. 北京：北京师范大学出版社，2012.

[31] 北京师范大学科学发展观与经济可持续发展研究基地等. 2013 中国绿色发展指数报告——区域比较 [M]. 北京：北京师范大学出版社，2013.

[32] 北京师范大学科学发展观与经济可持续发展研究基地等. 2014 中国绿色发展指数报告——区域比较 [M]. 北京：北京师范大学出版社，2014.

[33] 北京师范大学科学发展观与经济可持续发展研究基地等. 2015 中国绿色发展指数报告——区域比较 [M]. 北京：北京师范大学出版社，2015.

[34] 北京师范大学科学发展观与经济可持续发展研究基地等. 2016 中国绿色发展指数报告——区域比较 [M]. 北京：北京师范大学出版社，2016.

[35] 北京师范大学科学发展观与经济可持续发展研究基地等. 2017/2018 中国绿色发展指数报告——区域比较 [M]. 北京：经济日报出版社，2018.

[36] 吴正. 中国沙漠及其治理 [M]. 北京：科学出版社，2009.

［37］蔡昉，都阳. 经济发展方式转变与节能减排内在动力 [J]. 经济研究，2008.
［38］曹东，赵学涛. 中国绿色经济发展和机制政策创新研究 [J]. 中国人口・资源与环境，2012.
［39］曹荣湘. 全球大变暖——气候经济、政治与伦理 [M]. 北京：社会科学文献出版社，2010.
［40］城市绿色发展科技战略研究北京市重点实验室. 2015—2016 城市绿色发展科技战略研究报告 [M]. 北京：北京师范大学出版社，2017.
［41］迟全华. 从政治高度深刻认识绿色发展理念重大意义——学习习近平总书记关于绿色发展新理念新思想 [N]. 光明日报，2016-4-10.
［42］中国环境与发展国际合作委员会. 中国绿色经济的发展机制与政策创新 [R].2011.
［43］国家统计局，生态环境部. 中国环境统计年鉴 2018[M]. 北京：中国统计出版社，2018.
［44］国家统计局. 中国统计年鉴 2018[M]. 北京：中国统计出版社，2018.
［45］国家统计局工业统计司. 中国工业统计年鉴 2018[M]. 北京：中国统计出版社，2018.
［46］水利部. 中国水利统计年鉴 2018[M]. 北京：中国水利水电出版社，2018.
［47］国家统计局. 中国省市经济发展年鉴 2018[M]. 北京：中国财政经济出版社，2018.
［48］国家统计局国民经济综合统计司. 新中国六十年统计资料汇编 [M]. 北京：中国统计出版社，2009.
［49］韩晶，陈超凡. 中国制造业环境效率、行业异质性与最优规制强度 [J]. 统计研究，2014.
［50］韩晶. 中国工业绿色转型的障碍与发展战略研究 [J]. 福建论坛，2011.
［51］韩晶，蓝庆新. 中国工业绿化度测算及影响因素研究 [J]. 中国人口・资源与环境，2012.
［52］韩晶，王赟，陈超凡. 中国工业碳排放绩效的区域差异及影响因素研究——基于省域数据的空间计量分析 [J]. 经济社会体制比较，2015.
［53］韩晶，张新闻. 绿色增长是影响官员晋升的主要因素么？ [D]. 北京师范大学工作论文，2016.
［54］韩晶，孙雅雯. 产业升级推动了中国城市绿色增长吗 ?[N]. 北京师范大学学报（社会科学版），2019.
［55］关成华，韩晶. 城市绿色发展战略研究 [J]. 中国国情国力，2018.
［56］韩晶. 我国经济绿色发展的桎梏与路径 [J]. 中国国情国力，2016.
［57］胡鞍钢，周绍杰. 绿色发展——功能界定、机制分析与发展战略 [J]. 中国人口・资源与环境，2014.
［58］胡鞍钢. 中国创新绿色发展 [M]. 北京：中国人民大学出版社，2012.
［59］环境保护部，国土资源部. 全国土壤污染状况调查公报 [R].2014-4-17.
［60］环境保护部. 2015 中国环境统计年报 [M]. 北京：中国环境科学出版社，2015.
［61］环境保护部. 2017 中国环境状况公报 [M]. 北京：中国环境科学出版社，2017.
［62］蒋南平，向仁康. 中国经济绿色发展的若干问题 [J]. 当代经济研究，2013.
［63］李建平，李闽榕. 中国省域经济综合竞争力发展报告 2018[M]. 北京：社会科学文献出版社，2018.
［64］李伟. 新与绿色如何引领新常态 [J]. 新经济导刊，2016.

[65] 李晓西.《中国绿色发展指数报告》发布六周年小记 [J]. 中国环境管理，2016.

[66] 李晓西，刘一萌. 人类绿色发展指数的测算 [J]. 中国社会科学，2014.

[67] 李晓西. 绿色经济与绿色发展测度 [J]. 全球化，2016.

[68] 李晓西. "绿色化" 突出了绿色发展的三个新特征 [N]. 光明日报，2015-5-20.

[69] 李子豪，刘辉煌. 腐败加剧了中国的环境污染吗——基于省级数据的检验 [N]. 山西财经大学学报，2013.

[70] 马骏. 绿色金融体系已经成为国家战略 [J]. 中国人民银行，2015-11-29.

[71] 马胜杰，姚晓艳. 中国循环经济综合评价研究 [M]. 北京：中国经济出版社，2009.

[72] 努尔・白克力. 走中国特色能源发展道路 [J]. 求是，2016.

[73] 邱寿丰. 探索循环经济规划之道——循环经济规划的生态效率方法及应用 [M]. 上海：同济大学出版社，2009.

[74] 人民日报. 坚持绿色发展—— "五大发展理念" 解读之三 [N]. 人民日报，2015-12-22.

[75] 人民网：水利部：全国近 2/3 城市不同程度缺水，水资源承载力预警机制将建. http://legal.people.com.cn/n/2015/1109/c188502-27795031.html.2015-11-09.

[76] 人民日报. 决胜全面建成小康社会 夺取新时代中国特色社会主义伟大胜利——在中国共产党第十九次代表大会上的报告 [N]. 人民日报，2017-10-28.

[77] 人民日报. 中共中央关于坚持和完善中国特色社会主义制度 推进国家治理体系和治理能力现代化若干重大问题的决定 [N]. 人民日报，2019-11-6.

[78] 人民网：聚焦十九届四中全会 [N]. 人民网 2019-10-28. http://cpc.people.com.cn/GB/67481/430519/index.html

[79] 宋涛，荣婷婷. 人力资本的集聚和溢出效应对绿色生产的影响分析 [J]. 江淮论坛，2016.

[80] 宋涛. 中国可持续发展的双轮驱动模式——绿色工业化与绿色 [M]. 北京：经济日报出版社，2015.

[81] 唐宇红. 联合国环境规划署——UNEP 的角色演进 [J]. 环境科学与管理，2008.

[82] 田红娜. 中国资源型城市创新体系营建 [M]. 北京：经济科学出版社，2009.

[83] 王兵，黄人杰. 中国区域绿色发展效率与绿色全要素生产率（2000—2010）——基于参数共同边界的实证研究 [J]. 产经评论，2014.

[84] 王金南等. 绿色国民经济核算 [M]. 北京：中国环境科学出版社，2009.

[85] 王玲玲，张艳国. "绿色发展" 内涵探微 [J]. 社会主义研究，2012.

[86] 王庆华，王忱. 我国节能环保产业的特征、现状及发展趋势 [J]. 国家信息中心，2016-03-09.

[87] 王秋艳. 中国绿色发展报告 [M]. 北京：中国时代经济出版社，2009.

[88] 吴正. 中国沙漠及其治理 [M]. 北京：科学出版社，2009.

[89] 谢雄标，吴越. 数字化背景下企业绿色发展路径及政策建议 [J]. 生态经济，2015.

[90] 习近平. 习近平在气候变化巴黎大会开幕式上的讲话（全文）[N]. 新华网，2015-12-1. http://news.xinhuanet.com/world/2015-12/01/c_1117309642.htm

[91] 严耕. 中国省域生态文明建设评价报告 ECI 2011[M]. 北京：社会科学文献出版社，2011.

［92］李雪娇，何爱平. 绿色发展的制约因素及其路径拿捏 [J]. 改革，2016.

［93］赵若玺，赵建军. 绿色发展：实践指向与价值追寻 [J]. 人民论坛·学术前沿，2019

［94］杨东平. 中国环境发展报告 2010[M]. 北京：社会科学文献出版社，2010.

［95］姚伊乐，李军. 提高森林生态补偿标准 [N]. 中国环境报，2014-3-11.

［96］曾少军. 碳减排：中国经验——基于清洁发展机制的考察 [M]. 北京：社会科学文献出版社，2010.

［97］张高丽. 大力推进生态文明 努力建设美丽中国 [J]. 求是，2013（24）.

［98］张录强. 广义循环经济的生态学基础——自然科学与社会科学的整合 [M]. 北京：人民出版社，2007.

［99］张庆丰，罗伯特·克鲁克斯. 迈向环境可持续的未来：中华人民共和国国家环境分析 [M]. 北京：中国财政经济出版社，2012.

［100］张世钢. 联合国环境规划署的前世今生 [J]. 世界环境，2012.

［101］赵峥，倪鹏飞. 我国城镇化可持续发展——失衡问题与均衡路径 [J]. 学习与实践，2012.

［102］中国产业信息网.2017 年中国新能源发电行业发展概况及市场发展前景分析. 2017-10-17. http://www.chyxx.com/industry/201710/573104.html.

［103］中国产业信息网. 2017—2022 中国煤炭工业节能减排现状分析及行业未来发展前景预测报告. 2017-5-1.http://www.chyxx.com/research/201704/512562.html

［104］中国科学院可持续发展战略研究组. 2012 中国可持续发展战略报告——全球视野下的中国可持续发展 [M]. 北京：科学出版社，2012.

［105］中国科学院可持续发展战略研究组. 2013 中国可持续发展战略报告：未来 10 年的生态文明之路 [M]. 北京：科学出版社，2013.

［106］中华人民共和国环境保护部，中华人民共和国国土资源部. 全国土壤污染状况调查公报 [R]. 2014-4-17. http://www.mee.gov.cn/gkml/sthjbgw/qt/.html.

［107］中国人民银行. 中国货币政策执行报告（2017 年第一季度）. 2017-5-12.http://www.pbc.gov.cn/zhengcehuobisi/125207/125227/125957/3537682/3661118/index.htm

［108］人民网. 绿色发展点亮中国经济. 2019-5-14.http://theory.people.com.cn/n1/2019/0514/c40531-31082942.html

［109］中国社会科学院《城镇化质量评估与提升路径研究》创新项目组. 中国城镇化质量综合评价报告 [R]. 2013.

［110］中华人民共和国国土资源部. 第二次全国土地调查：人多地少基本国情不变 [R]. 2013-12-31.http://www.mlr.gov.cn/xwdt/mtsy/people/201312/t20131231_1298980.htm.

［111］中华人民共和国生态环境部. 2018 年中国环境生态环境状况公报 [R]. 2019-5-22.http://www.mee.gov.cn/m.

附录一
省际绿色发展指数测算指标解释及数据来源

1. 人均地区生产总值

国内生产总值（GDP）是指按市场价格计算的一个国家（或地区）所有常住单位在一定时期内生产活动的最终成果。对于一个地区来说，称为地区生产总值或地区 GDP。计算公式为：

$$人均地区生产总值=\frac{地区生产总值}{（上年年末总人口数+当年年末总人口数）/2}$$

资料来源：国家统计局. 中国统计年鉴 2018[M]. 北京：中国统计出版社，2018.

2. 单位地区生产总值能耗

能源消费总量是指一定时期内全国（地区）各行业和居民生活消费的各种能源核算的能源消费总量指标。能源消费总量分为三部分，即终端能源消费量、能源加工转换损失量和损失量。

单位地区生产总值能耗是指一定时期内该地区能源消费总量与地区生产总值的比值，反映的是该地区每增加一单位地区生产总值所带来的能源使用的增加量。计算公式：

$$单位地区生产总值能耗=\frac{能源消费总量}{地区生产总值}$$

资料来源：国家统计局. 中国统计年鉴 2018[M]. 北京：中国统计出版社，2018.

国家统计局. 中国省市经济发展年鉴 2018[M]. 北京：中国财政经济出版社，

2018.

3. 非化石能源消费量占能源消费量的比重

非化石能源是指除煤炭、石油和天然气之外的其他能源。

非化石能源消费量占能源消费量的比重是指非化石能源消费量在能源消费总量中的百分比。计算公式为：

$$\text{非化石能源消费量占能源消费量的比重} = \frac{\text{非化石能源消费总量}}{\text{能源消费总量}} \times 100\%$$

资料来源：无数列表。

4. 单位地区生产总值二氧化碳排放量

单位地区生产总值二氧化碳排放量是指一定时期内某地区二氧化碳排放量与地区生产总值的比值。计算公式为：

$$\text{单位地区生产总值二氧化碳排放量} = \frac{\text{二氧化碳排放量}}{\text{地区生产总值}}$$

资料来源：无数列表。

5. 单位地区生产总值二氧化硫排放量

二氧化硫排放量分为工业二氧化硫排放量和生活及其他二氧化硫排放量，其中工业二氧化硫排放量是指报告期内企业在燃料燃烧和生产工艺过程中排入大气的二氧化硫总量，计算公式为：

$$\text{工业}\ SO_2\ \text{排放量} = \text{燃料燃烧过程中}\ SO_2\ \text{排放量} + \text{生产工艺过程中}\ SO_2\ \text{排放量}$$

生活及其他二氧化硫排放量是以生活及其他煤炭消费量和其含硫量为基础，根据以下公式计算：

生活及其他 SO_2 排放量 = 生活及其他煤炭消费量 × 含硫量 ×0.8×2

单位地区生产总值二氧化硫排放量是指一定时期内某地区二氧化硫排放量与地区生产总值的比值。计算公式为：

$$单位地区生产总值二氧化硫排放量=\frac{二氧化硫排放量}{地区生产总值}$$

资料来源：国家统计局．中国统计年鉴 2018[M]．北京：中国统计出版社，2018.

6. 单位地区生产总值化学需氧量排放量

化学需氧量（COD）是指用化学氧化剂氧化水中有机污染物时所需的氧量。COD 值越高，表示水中有机污染物污染越重。化学需氧量排放量主要来自工业废水和生活污水。其中，生活污水中化学需氧量（COD）排放量是指城镇居民每年排放的生活污水中的 COD 的量。用人均系数法测算。测算公式为：

$$\begin{matrix}城镇生活污水\\中\text{ COD }排放量\end{matrix}=\begin{matrix}城镇生活污水中\\\text{COD }产生系数\end{matrix}\times\begin{matrix}市镇非\\农业人口\end{matrix}\times 365$$

单位地区生产总值化学需氧量排放量是指一定时期内该地区化学需氧量排放量与地区生产总值的比值。计算公式为：

$$单位地区生产总值化学需氧量排放量=\frac{化学需氧量排放量}{地区生产总值}$$

资料来源：国家统计局．中国统计年鉴 2018[M]．北京：中国统计出版社，2018.

7. 单位地区生产总值氮氧化物排放量

单位地区生产总值氮氧化物排放量是指一定时期内该地区氮氧化物排放量

与地区生产总值的比值。计算公式为：

$$单位地区生产总值氮氧化物排放量=\frac{氮氧化物排放量}{地区生产总值}$$

资料来源：国家统计局．中国统计年鉴 2018[M]．北京：中国统计出版社，2018.

8. 单位地区生产总值氨氮排放量

单位地区生产总值氨氮排放量是指一定时期内该地区氨氮排放量与地区生产总值的比值。计算公式为：

$$单位地区生产总值氮氧化物排放量=\frac{氨氮排放量}{地区生产总值}$$

资料来源：国家统计局．中国统计年鉴 2018[M]．北京：中国统计出版社，2018.

9. 技术市场成交额占 GDP 比重

技术市场成交额占 GDP 比重指全国技术市场合同成交项目的总金额与全国国内生产总值之比。

计算公式为：技术市场成交额占 GDP 比重

$$=\frac{全国技术市场合同成交项目总金额}{国内生产总值}$$

资料来源：国家统计局．中国省市经济发展年鉴 2018[M]．北京：中国财政经济出版社，2018.

10. 人均城镇生活消费用电

计算公式为：

$$人均城镇生活消费用电 = \frac{城镇生活消费用电}{城市年平均人口}$$

资料来源：国家统计局. 中国统计年鉴 2018[M]. 北京：中国统计出版社，2018.

11. 第一产业劳动生产率

第一产业劳动生产率是指一定时期内第一产业增加值与第一产业年平均就业人员数的比值。计算公式为：

$$第一产业劳动生产率 = \frac{第一产业增加值}{(上年年末第一产业就业人员数 + 当年年末第一产业就业人员数)/2}$$

资料来源：国家统计局. 中国统计年鉴 2018[M]. 北京：中国统计出版社，2018.

2018 年全国各省、市统计年鉴。

12. 土地产出率

土地产出率是指一定时期内该地区种植业产值与农作物播种面积的比值。计算公式为：

$$土地产出率 = \frac{种植业产值}{农作物播种面积}$$

资料来源：国家统计局. 中国统计年鉴 2018[M]. 北京：中国统计出版社，2018.

13. 节水灌溉面积占有效灌溉面积的比重

有效灌溉面积指具有一定的水源，地块比较平整，灌溉工程或设备已经配套，在一般年景下，当年能够进行正常灌溉的耕地面积。在一般情况下，有效灌溉面积应等于灌溉工程或设备已经配备，能够进行正常灌溉的水田和水浇地面积之和。它是反映我国耕地抗旱能力的一个重要指标。

节水灌溉面积占有效灌溉面积的比重计算公式为：

$$节水灌溉面积占有效灌溉面积的比重=\frac{节水灌溉面积}{有效灌溉面积}\times 100\%$$

资料来源：国家统计局.中国统计年鉴2018[M].北京：中国统计出版社，2018.

水利部.中国水利统计年鉴2018[M].北京：中国水利水电出版社，2018.

14. 有效灌溉面积占耕地面积比重

有效灌溉面积：指具有一定的水源，地块比较平整，灌溉工程或设备已经配套，在一般年景下，当年能够进行正常灌溉的耕地面积。在一般情况下，有效灌溉面积应等于灌溉工程或设备已经配备，能够进行正常灌溉的水田和水浇地面积之和。它是反映我国耕地抗旱能力的一个重要指标。

耕地面积：指经过开垦用以种植农作物并经常进行耕耘的土地面积。包括种有作物的土地面积、休闲地、新开荒地和抛荒未满三年的土地面积。

资料来源：国家统计局.中国统计年鉴2018[M].北京：中国统计出版社，2018.

15. 第二产业劳动生产率

第二产业劳动生产率是指一定时期内第二产业增加值与第二产业年平均就业人员数的比值。计算公式为：

第二产业劳动生产率

$$=\frac{\text{第二产业增加值}}{(\text{上年年末第二产业就业人员数}+\text{当年年末第二产业就业人员数})/2}$$

资料来源：国家统计局．中国统计年鉴 2018[M]．北京：中国统计出版社，2018.

2018 年全国各省、市统计年鉴。

16. 单位工业增加值水耗

工业增加值是指工业企业在报告期内以货币表现的工业生产活动的最终成果。

工业用水量是指工矿企业在生产过程中用于制造、加工、冷却、空调、净化、洗涤等方面的用水，按新水取用量计，不包括企业内部的重复利用水量。

单位工业增加值水耗是指一定时期内工业用水量与工业增加值的比值。计算公式为：

$$\text{单位工业增加值水耗}=\frac{\text{工业用水量}}{\text{工业增加值}}$$

资料来源：国家统计局．中国统计年鉴 2018[M]．北京：中国统计出版社，2018.

国家统计局．中国省市经济发展年鉴 2018[M]．北京：中国财政经济出版社，2018.

17. 规模以上单位工业增加值能耗

规模以上单位工业增加值能耗指的是规模以上工业企业能源使用量与规模以上工业增加值的比值。计算公式为：

$$规模以上单位工业增加值能耗=\frac{规模以上工业企业能源使用量}{规模以上工业增加值}$$

资料来源：无数列表。

18. 工业固体废物综合利用率

工业固体废物综合利用率是指工业固体废物综合利用量占工业固体废物产生量（包括综合利用往年贮存量）的百分比。计算公式为：

工业固体废物利用率

$$=\frac{工业固体废物综合利用量}{（工业固体废物产生量+综合利用往年贮存量）}\times 100\%$$

其中，工业固体废物产生量是指报告期内企业在生产过程中产生的固体状、半固体状和高浓度液体状废弃物的总量，包括危险废物、冶炼废渣、粉煤灰、炉渣、煤矸石、尾矿、放射性废物和其他废物等；不包括矿山开采的剥离废石和掘进废石（煤矸石和呈酸性或碱性的废石除外）。酸性或碱性废石指采掘的废石其流经水、雨淋水的 pH 值小于 4 或 pH 值大于 10.5 者。工业固体废物综合利用量是指报告期内企业通过回收、加工、循环、交换等方式，从固体废物中提取或者使其转化为可以利用的资源、能源和其他原材料的固体废物量（包括当年利用往年的工业固体废物贮存量），如用作农业肥料、生产建筑材料、筑路等。综合利用量由原产生固体废物的单位统计。

资料来源：国家统计局，生态环境部．中国环境统计年鉴 2018[M]. 北京：中国统计出版社，2018.

19. 工业用水重复利用率

工业用水重复利用率是指在一定时期内，生产过程中使用的重复利用水量与总用水量之比。计算公式为：

$$工业用水重复利用率 = \frac{重复利用水量}{（生产中取用的新水量 + 重复利用水量）} \times 100\%$$

资料来源：国家统计局，生态环境部. 中国环境统计年鉴 2018[M]. 北京：中国统计出版社，2018.

20. 六大高载能行业产值占工业总产值比重

六大高载能行业产值占工业总产值比重是指规模以上工业中六大高载能行业产值占全部工业总产值的百分比。计算公式为：

$$六大高载能行业产值占工业总产值比重 = \frac{六大高载能行业产值}{工业总产值} \times 100\%$$

工业总产值是指以货币形式表现的，工业企业在一定时期内生产的工业最终产品或提供工业性劳务活动的总价值量。它反映一定时间内工业生产的总规模和总水平。

六大高载能行业产值是指一定时期内石油加工、炼焦及核燃料加工业总产值，化学原料及化学制品制造业总产值，非金属矿物制品业总产值，黑色金属冶炼及压延加工业总产值，有色金属冶炼及压延加工业总产值，电力热力的生产和供应业总产值之和。

资料来源：国家统计局. 中国工业统计年鉴 2018[M]. 北京：中国统计出版社，2018.

21. 第三产业劳动生产率

第三产业劳动生产率是指一定时期内第三产业增加值与第三产业年平均就业人员数的比值。计算公式为：

$$\text{第三产业劳动生产率} = \frac{\text{第三产业增加值}}{(\text{上年年末第三产业就业人员数} + \text{当年年末第三产业就业人员数})/2}$$

资料来源：国家统计局．中国统计年鉴 2018[M]. 北京：中国统计出版社，2018.

2018 年全国各省、市统计年鉴。

22. 第三产业增加值比重

第三产业增加值比重是指报告期内第三产业增加值占地区生产总值的百分比。计算公式为：

$$\text{第三产业增加值比重} = \frac{\text{第三产业增加值}}{\text{地区生产总值}} \times 100\%$$

资料来源：国家统计局．中国统计年鉴 2018[M]. 北京：中国统计出版社，2018.

23. 第三产业从业人员比重

第三产业从业人员比重是指报告期内第三产业从业人员占全部产业从业人员的百分比。计算公式为：

$$\text{第三产业从业人员比重} = \frac{\text{第三产业从业人员}}{\text{全部产业从业人员}} \times 100\%$$

资料来源：国家统计局．中国统计年鉴 2018[M]. 北京：中国统计出版社，

2018.

国家统计局 . 中国省市经济发展年鉴 2018[M]. 北京：中国财政经济出版社，2018.

24. 人均水资源量

水资源总量是指评价区内降水形成的地表和地下产水总量，即地表产流量与降水入渗补给地下水量之和，不包括过境水量。

人均水资源量是指一定时期内一个地区人均拥有的地表和地下产水总量。计算公式为：

$$人均水资源量=\frac{该地区的水资源总量}{该地区总人数}$$

资料来源：资料来源：国家统计局 . 中国统计年鉴 2018[M]. 北京：中国统计出版社，2018.

25. 人均森林面积

森林面积是指由乔木树种构成，郁闭度 0.2 以上（含 0.2）的林地或冠幅宽度 10 米以上的林带的面积，即有林地面积。森林面积包括天然起源和人工起源的针叶林面积、阔叶林面积、针阔混交林面积和竹林面积，不包括灌木林地面积和疏林地面积。

人均森林面积是指一定时期内一个地区个人平均拥有的有林地面积。计算公式为：

$$人均森林面积=\frac{该地区森林面积}{该地区总人数}$$

资料来源：国家统计局 . 中国统计年鉴 2018[M]. 北京：中国统计出版社，2018.

26. 森林覆盖率

森林覆盖率指一个国家或地区森林面积占土地面积的百分比。在计算森林覆盖率时，森林面积包括郁闭度 0.20 以上的乔木林地面积和竹林地面积、国家特别规定的灌木林地面积、农田林网以及四旁（村旁、路旁、水旁、宅旁）林木的覆盖面积。森林覆盖率表明一个国家或地区森林资源的丰富程度和生态平衡状况，是反映林业生产发展水平的主要指标。

$$\text{森林覆盖率}=\frac{\text{森林面积}+\text{灌木林地面积}+\text{林网树占地面积}+\text{四旁树占地面积}}{\text{土地总面积}}\times 100\%$$

资料来源：国家统计局．中国统计年鉴 2018[M]．北京：中国统计出版社，2018.

27. 自然保护区面积占辖区面积比重

自然保护区是指对有代表性的自然生态系统、珍稀濒危野生动植物物种的天然分布区、水源涵养区、有特殊意义的自然历史遗迹等保护对象所在的陆地、陆地水体或海域，依法划出一定面积进行特殊保护和管理的区域。以县及县以上各级人民政府正式批准建立的自然保护区为准（包括“六五”以前由部门或“革委会”批准且现仍存在的自然保护区）。风景名胜区、文物保护区不计在内。

自然保护区面积占辖区面积比重的计算公式为：

$$\text{自然保护区面积占辖区面积比重}=\frac{\text{自然保护区面积}}{\text{辖区面积}}\times 100\%$$

资料来源：国家统计局．中国统计年鉴 2018[M]．北京：中国统计出版社，2018.

28. 湿地面积占国土面积的比重

湿地：指天然或人工、长久或暂时性的沼泽地、泥炭地或水域地带，包括静止或流动、淡水、半咸水、咸水体，低潮时水深不超过 6 米的水域以及海岸地带地区的珊瑚滩和海草床、滩涂、红树林、河口、河流、淡水沼泽、沼泽森林、湖泊、盐沼及盐湖。计算公式为：

$$湿地面积占国土面积比重=\frac{湿地面积}{国土面积}\times 100\%$$

资料来源：国家统计局．中国统计年鉴 2018[M]. 北京：中国统计出版社，2018.

29. 人均活立木总蓄积量

活立木总蓄积量：指一定范围内土地上全部树木蓄积的总量，包括森林蓄积、疏林蓄积、散生木蓄积和四旁树蓄积。计算公式为：

$$人均活立木总蓄积量=\frac{活立木总蓄积量}{年末总人口}$$

资料来源：国家统计局．中国统计年鉴 2018[M]. 北京：中国统计出版社，2018.

30. 单位土地面积二氧化碳排放量

土地调查面积是指行政区域内的土地调查总面积，包括农用地、建设用地和未利用地。

单位土地面积二氧化碳排放量的计算公式为：

$$单位土地面积二氧化碳排放量=\frac{二氧化碳排放量}{土地调查面积}$$

资料来源：无数列表。

31. 人均二氧化碳排放量

人均二氧化碳排放量的计算公式为：

$$人均二氧化碳排放量=\frac{当年二氧化碳排放量}{上年年末总人口数+当年年末总人口数/2}$$

资料来源：无数列表。

32. 单位土地面积二氧化硫排放量

单位土地面积二氧化硫排放量的计算公式为：

$$单位土地面积二氧化硫排放量=\frac{二氧化硫排放量}{土地调查面积-沙漠及戈壁总面积}$$

资料来源：国家统计局. 中国统计年鉴 2018[M]. 北京：中国统计出版社，2018.

吴正. 中国沙漠及其治理 [M]. 北京：科学出版社，2009.

33. 人均二氧化硫排放量

人均二氧化硫排放量的计算公式为：

$$人均二氧化硫排放量=\frac{当年二氧化硫排放量}{(上年年末总人口数+当年年末总人口数)/2}$$

资料来源：国家统计局. 中国统计年鉴 2018[M]. 北京：中国统计出版社，2018.

34. 单位土地面积化学需氧量排放量

单位土地面积化学需氧量排放量的计算公式为：

$$单位土地面积化学需氧量排放量=\frac{化学需氧量排放量}{土地调查面积-沙漠及戈壁总面积}$$

资料来源：国家统计局．中国统计年鉴 2018[M]．北京：中国统计出版社，2018.

吴正．中国沙漠及其治理 [M]．北京：科学出版社，2009.

35. 人均化学需氧量排放量

人均化学需氧量排放量的计算公式为：

$$人均化学需氧量排放量=\frac{当年化学需氧量排放量}{(上年年末总人口数+当年年末总人口数)/2}$$

资料来源：国家统计局．中国统计年鉴 2018[M]．北京：中国统计出版社，2018.

36. 单位土地面积氮氧化物排放量

单位土地面积氮氧化物排放量的计算公式为：

$$单位土地面积氮氧化物排放量=\frac{氮氧化物排放量}{土地调查面积-沙漠及戈壁总面积}$$

资料来源：中华人民共和国环境保护部．中国环境统计年报 2015[M]．北京：中国环境出版社，2015（2017 数据以 2015 数据补齐）.

国家统计局．中国统计年鉴 2018[M]．北京：中国统计出版社，2018.

吴正．中国沙漠及其治理 [M]．北京：科学出版社，2009.

37. 人均氮氧化物排放量

人均氮氧化物排放量的计算公式为：

$$人均氮氧化物排放量=\frac{当年氮氧化物排放量}{(上年年末总人口数+当年年末总人口数)/2}$$

资料来源：中华人民共和国环境保护部.中国环境统计年报2015[M].北京：中国环境出版社，2015（2017数据以2015数据补齐）.

国家统计局.中国统计年鉴2018[M].北京：中国统计出版社，2018.

38. 单位土地面积氨氮排放量

单位土地面积氨氮排放量的计算公式为：

$$单位土地面积氨氮排放量=\frac{氨氮排放量}{土地调查面积-沙漠及戈壁总面积}$$

资料来源：中华人民共和国环境保护部.中国环境统计年报2015[M].北京：中国环境出版社，2015（2017数据以2015数据补齐）.

国家统计局.中国统计年鉴2018[M].北京：中国统计出版社，2018.

吴正.中国沙漠及其治理[M].北京：科学出版社，2009.

39. 人均氨氮排放量

人均氨氮排放量的计算公式为：

$$人均氨氮排放量=\frac{当年氨氮排放量}{(上年年末总人口数+当年年末总人口数)/2}$$

资料来源：中华人民共和国环境保护部.中国环境统计年报2015[M].北京：中国环境出版社，2015（2017数据以2015数据补齐）.

国家统计局.中国统计年鉴2018[M].北京：中国统计出版社，2018.

40. 单位耕地面积化肥施用量

农用化肥施用量指本年内实际用于农业生产的化肥数量，包括氮肥、磷肥、钾肥和复合肥。化肥施用量要求按折纯量计算数量。折纯量是指把氮肥、磷肥、钾肥分别按含氮、含五氧化二磷、含氧化钾的百分之百成分进行折算后的数量。复合肥按其所含主要成分折算。计算公式为：

折纯量 = 实物量 × 某种化肥有效成分含量的百分比

耕地面积指经过开垦用以种植农作物并经常进行耕耘的土地面积。包括种有作物的土地面积、休闲地、新开荒地和抛荒未满三年的土地面积。单位耕地面积化肥施用量的计算公式为：

$$单位耕地面积化肥施用量 = \frac{化肥施用量}{耕地面积}$$

资料来源：国家统计局. 中国统计年鉴 2018[M]. 北京：中国统计出版社，2018.

41. 单位耕地面积农药使用量

单位耕地面积农药使用量是指在一定时期内单位耕地面积上的农药使用量。计算公式为：

$$单位耕地面积农药使用量 = \frac{农药使用量}{耕地面积}$$

资料来源：国家统计局，生态环境部. 中国环境统计年鉴 2018[M]. 北京：中国统计出版社，2018.

国家统计局. 中国统计年鉴 2018[M]. 北京：中国统计出版社，2018.

42. 人均公路交通氮氧化物排放量

计算公式为：

$$人均公路交通氮氧化物排放量 = \frac{公路机动车氮氧化物排放量}{（上年年末总人口数 + 当年年末总人口数）/2}$$

资料来源：中华人民共和国环境保护部．中国环境统计年报 2015[M]．北京：中国环境出版社，2015（2017 数据以 2015 数据补齐）．

国家统计局．中国统计年鉴 2018[M]．北京：中国统计出版社，2018．

43. 环境保护支出占财政支出比重

环境保护支出是指政府环境保护支出，包括环境保护管理事务支出、环境监测与监察支出、污染治理支出、自然生态保护支出、天然林保护工程支出、退耕还林支出、风沙荒漠治理支出、退牧还草支出、已垦草原退耕还草、能源节约利用、污染减排、可再生能源和资源综合利用等支出。环境保护支出占财政支出比重是指环境保护支出占财政支出的百分比。计算公式为：

$$环境保护支出占财政支出比重 = \frac{环境保护支出}{财政支出} \times 100\%$$

资料来源：国家统计局．中国统计年鉴 2018[M]．北京：中国统计出版社，2018．

44. 环境污染治理投资占地区生产总值比重

环境污染治理投资是指在工业污染源治理和城市环境基础设施建设的资金投入中，用于形成固定资产的资金。包括工业污染源治理投资和“三同时”项目环保投资，以及城市环境基础设施建设所投入的资金。

环境污染治理投资占地区生产总值比重是指环境污染治理投资与地区生产总值的比值。计算公式为：

$$环境污染治理投资占地区生产总值比重 = \frac{环境污染治理投资}{地区生产总值} \times 100\%$$

资料来源：国家统计局，生态环境部．中国环境统计年鉴 2018[M]．北京：

中国统计出版社，2018.

国家统计局．中国统计年鉴 2018[M]. 北京：中国统计出版社，2018.

45. 农村人均改厕的政府投资

农村人口是指居住和生活在县城（不含）以下的乡镇、村的人口。

计算公式为：农村人均改水、改厕的政府投资

$$=\frac{农村改厕投资}{(上年年末农村总人口数+当年年末农村总人口数)/2}$$

资料来源：国家统计局，生态环境部．中国环境统计年鉴 2018[M]. 北京：中国统计出版社，2018.

国家统计局．中国统计年鉴 2018[M]. 北京：中国统计出版社，2018.

46. 单位耕地面积退耕还林投资完成额

单位耕地面积退耕还林投资完成额的计算公式为：

$$单位耕地面积退耕还林投资完成额=\frac{林业投资完成额}{耕地面积}$$

资料来源：国家统计局，生态环境部．中国环境统计年鉴 2018[M]. 北京：中国统计出版社，2018.

国家统计局．中国统计年鉴 2018[M]. 北京：中国统计出版社，2018.

47. 科教文卫支出占财政支出比重

科学技术支出是指用于科学技术方面的支出，包括科学技术管理事务、基础研究、应用研究、技术研究与开发、科技条件与服务、社会科学、科学技术普及、科技交流与合作等。

教育支出是指政府教育事务支出，包括教育行政管理、学前教育、小学教育、初中教育、普通高中教育、普通高等教育、初等职业教育、中专教育、技校教育、职业高中教育、高等职业教育、广播电视教育、留学生教育、特殊教育、干部继续教育、教育机关服务等。

文化教育与传媒支出是指政府在文化、文物、体育、广播影视、新闻出版等方面的支出。

医疗卫生支出是指政府医疗卫生方面的支出，包括医疗卫生管理事务支出、医疗服务支出、医疗保障支出、疾病预防控制支出、卫生监督支出、妇幼保健支出、农村卫生支出等。

科教文卫支出占财政支出比重的计算公式为：

$$\text{科教文卫支出占财政支出比重} = \frac{(\text{科学技术支出}+\text{教育支出}+\text{文化体育与传媒支出}+\text{医疗卫生支出})}{\text{地方财政一般预算内支出}} \times 100\%$$

资料来源：国家统计局．中国统计年鉴 2018[M]．北京：中国统计出版社，2018.

48. 城市人均绿地面积

绿地面积是指报告期末用作绿化的各种绿地面积。包括公园绿地、单位附属绿地、居住区绿地、生产绿地、防护绿地和风景林地的总面积。计算公式为：

$$\text{城市人均绿地面积} = \frac{\text{城市绿地面积}}{\text{城市年平均人口}}$$

资料来源：国家统计局．中国统计年鉴 2018[M]．北京：中国统计出版社，2018.

国家统计局城市社会经济调查司. 中国城市统计年鉴 2018[M]. 北京：中国统计出版社，2018.

49. 城市用水普及率

城市用水普及率是指城市用水人口数与城市人口总数的比率。计算公式为：

$$城市用水普及率=\frac{城市用水人口数}{城市人口总数}\times100\%$$

资料来源：国家统计局. 中国统计年鉴 2018[M]. 北京：中国统计出版社，2018.

50. 城市污水处理率

城市污水处理率是指城市污水处理量占城市污水排放量的比重。计算公式为：

$$城市污水处理率=\frac{城市污水处理量}{城市污水排放量}\times100\%$$

资料来源：国家统计局，生态环境部. 中国环境统计年鉴 2018[M]. 北京：中国统计出版社，2018.

51. 城市生活垃圾无害化处理率

城市生活垃圾无害化处理率是指报告期生活垃圾无害化处理量与生活垃圾产生量比率。在统计上，由于生活垃圾产生量不易取得，可用清运量代替。计算公式为：

$$城市生活垃圾无害化处理率=\frac{生活垃圾无害化处理量}{生活垃圾产生量}\times100\%$$

资料来源：国家统计局. 中国统计年鉴 2018[M]. 北京：中国统计出版社，

2018.

52. 城市每万人拥有公交车辆

城市每万人拥有公交车辆是指报告期内城市每万人拥有的不同类型的运营车辆按统一的标准折算成的营运车辆数。计算公式为：

$$每万人拥有公共交通车辆=\frac{公共交通运营车辆数}{城市人口总数}\times 100\%$$

资料来源：国家统计局城市社会经济调查司．中国城市统计年鉴 2018[M]. 北京：中国统计出版社，2018.

53. 人均城市公共交通运营线路网长度

人均城市公共交通运营线路网长度是指每人拥有的城市公共交通运营线路网长度。

人均城市公共交通运营线路网长度计算公式为：

$$人均城市公共交通运营线路网长度=\frac{城市公共交通运营线路网长度}{城市平均人口}$$

资料来源：国家统计局．中国统计年鉴 2018[M]. 北京：中国统计出版社,2018.

国家统计局城市社会经济调查司．中国城市统计年鉴 2018[M]. 北京：中国统计出版社，2018.

54. 农村累计已改水受益人口占农村总人口比重

累计已改水受益人口指各种改水形式的受益人口。农村人口指居住和生活在县城（不含）以下的乡镇、村的人口。

农村累计已改水受益人口占农村总人口比重

$$= \frac{农村累计已改水受益人口}{农村总人口} \times 100\%$$

资料来源：国家统计局，生态环境部．中国环境统计年鉴 2018[M]．北京：中国统计出版社，2018.

55. 每百万人口移动互联网接入流量

城市每一百万人使用移动互联网产生的流量。

计算公式为：

$$每百万人口移动互联网接入流量 = \frac{移动互联网接入流量}{100\ 万人口}$$

资料来源：国家统计局．中国统计年鉴 2018[M]．北京：中国统计出版社，2018.

56. 建成区绿化覆盖率

建成区绿化覆盖率是指城市建成区绿地面积占建成区面积的百分比。

建成区绿地面积：指报告期末建成区用作园林和绿化的各种绿地面积，包括公园绿地、生产绿地、防护绿地、附属绿地和其他绿地的面积。

计算公式为：

$$建成区绿化覆盖率 = \frac{建成区绿地面积}{建成区面积} \times 100\%$$

资料来源：国家统计局．中国统计年鉴 2018[M]．北京：中国统计出版社，2018.

57. 人均当年新增造林面积

造林是指在宜林荒山荒地、宜林沙荒地、无立木林地、疏林地和退耕地等以及其他宜林地上通过人工措施形成或恢复森林、林木、灌木林的过程。人均当年新增造林面积计算公式为：

$$人均当年新增造林面积=\frac{当年造林总面积}{（上年年末总人口数+当年年末总人口数）/2}$$

资料来源：国家统计局．中国统计年鉴 2018[M]. 北京：中国统计出版社，2018.

58. 工业二氧化硫去除率

工业二氧化硫排放量是指报告期内企业在燃料燃烧和生产工艺过程中排入大气的二氧化硫总量。工业二氧化硫去除量是指燃料燃烧和生产工艺废气经过各种废气治理设施处理后，去除的二氧化硫量。

工业二氧化硫去除率是指工业二氧化硫去除量占工业二氧化硫排放量和工业二氧化硫去除量总和的比重。计算公式为：

$$工业二氧化硫去除率=\frac{工业二氧化硫去除量}{（工业二氧化硫去除量+工业二氧化硫排放量）}\times 100\%$$

资料来源：中华人民共和国环境保护部．中国环境统计年报 2015[M]. 北京：中国环境出版社，2015（2017 数据以 2015 数据补齐）.

国家统计局，生态环境部．中国环境统计年鉴 2018[M]. 北京：中国统计出版社，2018.

59. 工业废水化学需氧量去除率

工业废水化学需氧量去除率是指工业废水化学需氧量去除量占工业废水化学需氧量排放量和工业废水化学需氧量去除量总和的比重。计算公式为：

$$\text{工业废水化学需氧量去除率}=\frac{\text{工业废水化学需氧量去除量}}{(\text{工业废水化学需氧量去除量}+\text{工业废水化学需氧量排放量})}\times 100\%$$

资料来源：中华人民共和国环境保护部. 中国环境统计年报 2015[M]. 北京：中国环境出版社，2015（2017 数据以 2015 数据补齐）.

国家统计局，生态环境部. 中国环境统计年鉴 2018[M]. 北京：中国统计出版社，2018.

60. 工业氮氧化物去除率

工业氮氧化物排放量是指工业生产过程中排入大气的氮氧化物量。工业氮氧化物去除量是指工业生产过程中的废气经过各种废气治理设施处理后，去除的氮氧化物量。

工业氮氧化物去除率是指工业氮氧化物去除量占工业氮氧化物排放量和工业氮氧化物去除量总和的比重。计算公式为：

$$\text{工业氮氧化物去除率}=\frac{\text{工业氮氧化物去除量}}{(\text{工业氮氧化物去除量}+\text{工业氮氧化物排放量})}\times 100\%$$

资料来源：中华人民共和国环境保护部. 中国环境统计年报 2015[M]. 北京：中国环境出版社，2015（2017 数据以 2015 数据补齐）.

61. 工业废水氨氮去除率

工业废水氨氮去除率是指工业废水氨氮去除量占工业废水氨氮排放量和工业废水氨氮去除量总和的比重。计算公式为：

$$\text{工业废水氨氮去除率} = \frac{\text{工业废水氨氮去除量}}{(\text{工业废水氨氮去除量}+\text{工业废水氨氮排放量})} \times 100\%$$

资料来源：中华人民共和国环境保护部.中国环境统计年报2015[M].北京：中国环境出版社，2015（2017数据以2015数据补齐）.

国家统计局，生态环境部.中国环境统计年鉴2018[M].北京：中国统计出版社，2018.

62. 突发环境事件次数

环境突发事件指由于违反环境保护法规的经济、社会活动与行为，以及意外因素的影响或不可抗拒的自然灾害等原因，致使环境受到污染，国家重点保护的野生动植物、自然保护区受到破坏，人体健康受到危害，社会经济和人民财产受到损失，造成不良社会影响的突发性事件。

资料来源：国家统计局.中国统计年鉴2018[M].北京：中国统计出版社，2018.

附录二

省域“绿色体检”表

2019 绿色发展指数采用 2017 年数据进行测度，其中省际“绿色体检”表包含了中国省际绿色发展指数 30 个测评省（自治区、直辖市）62 个绿色发展三级指标的指标序号、指标名称、单位、指标属性、30 省（自治区、直辖市）测评均值、2017 年该省（自治区、直辖市）指标数值、2017 年该省（自治区、直辖市）指标排名、数据来源等多项内容。其中，指标序号、指标名称、单位、指标属性、30 省（自治区、直辖市）测评均值及数据来源等六项内容在每个省际“绿色发展体检”表中都是相同的，反映的是整个中国省际绿色发展指数 62 个绿色发展三级指标的具体情况；2017 年该省（自治区、直辖市）指标数值、2017 年该省（自治区、直辖市）指标排名这三项内容在每个表中均不同，反映每个测评省（自治区、直辖市）三级指标的原始数据及其相应的排名；若该项指标在统计年鉴中没有数据，则用 NA 表示，待日后补全。省际“绿色体检”表全面地反映了每个测评省（自治区、直辖市）在绿色发展各个方面的具体表现。

北京绿色发展“体检”表

序号	指标名称	单位	指标属性	2017 年测评均值	2017 年北京数值	2017 年北京排名	2017 年数据来源
1	人均地区生产总值	元 / 人	正	61575.269	128982.228	1	中国统计
2	单位地区生产总值能耗	吨标准煤 / 万元	逆	0.714	0.255	1	中国统计
3	非化石能源消费量占能源消费量的比重		正	NA	NA	NA	
4	单位地区生产总值二氧化碳排放量		逆	NA	NA	NA	
5	单位地区生产总值二氧化硫排放量	吨 / 万元	逆	0.002	0.000	1	中国统计
6	单位地区生产总值化学需氧量排放量	吨 / 万元	逆	0.001	0.000	1	中国统计
7	单位地区生产总值氮氧化物排放量	吨 / 万元	逆	0.002	0.001	1	中国统计
8	单位地区生产总值氨氮排放量	吨 / 万元	逆	0.000	0.000	1	中国统计
9	技术市场成交额占 GDP 的比重	%	正	0.016	0.160	1	中国统计
10	人均城镇生活消费用电	千瓦时 / 人	逆	436.409	1361.742	29	城市
11	第一产业劳动生产率	万元 / 人	正	2.724	2.448	16	省（市、区）统计年鉴；统计公报等
12	土地产出率	亿元 / 千公顷	正	0.432	1.074	1	中国统计
13	节灌率	%	正	0.564	1.738	1	中国统计；环境年鉴
14	有效灌溉面积占耕地面积比重	%	正	0.537	0.540	15	中国统计；环境年鉴
15	第二产业劳动生产率	万元 / 人	正	34.949	27.614	4	省（市、区）统计年鉴；统计公报等
16	单位工业增加值水耗	立方米 / 元	逆	0.004	0.001	2	中国统计
17	规模以上单位工业增加值能耗		逆	NA	NA	NA	
18	工业固体废物综合利用率	%	正	53.912	74.103	7	中国统计

续表

序号	指标名称	单位	指标属性	2017 年测评均值	2017 年北京数值	2017 年北京排名	2017 年数据来源
19	工业用水重复利用率	%	正	88.956	94.456	3	环境年鉴
20	六大高载能行业产值占工业总产值比重	%	逆	36.669	30.797	12	工业经济
21	第三产业劳动生产率	万元 / 人	正	15.682	22.765	4	省（市、区）统计年鉴；统计公报等
22	第三产业增加值比重	%	正	50.383	80.556	1	中国统计
23	第三产业就业人员比重	%	正	41.037	80.622	1	省（市、区）统计年鉴；统计公报等
24	人均水资源量	立方米 / 人	正	2139.680	137.200	29	中国统计
25	人均森林面积	公顷 / 人	正	0.198	0.027	26	中国统计
26	森林覆盖率	%	正	33.061	35.840	16	中国统计
27	自然保护区面积占辖区面积比重	%	正	8.720	8.200	10	中国统计；环境年鉴
28	湿地面积占国土面积的比重	%	正	9.228	2.860	24	中国统计
29	人均活立木总蓄积量	立方米 / 人	正	11.669	0.842	28	中国统计
30	单位土地面积二氧化碳排放量		逆	NA	NA	NA	
31	人均二氧化碳排放量		逆	NA	NA	NA	
32	单位土地面积二氧化硫排放量	吨 / 平方公里	逆	2.947	1.225	8	中国统计
33	人均二氧化硫排放量	吨 / 人	逆	0.008	0.001	2	中国统计
34	单位土地面积化学需氧量排放量	吨 / 平方公里	逆	4.257	4.984	24	中国统计
35	人均化学需氧量排放量	吨 / 人	逆	0.008	0.004	1	中国统计
36	单位土地面积氮氧化物排放量	吨 / 平方公里	逆	5.353	8.805	26	中国统计
37	人均氮氧化物排放量	吨 / 人	逆	0.010	0.007	6	中国统计
38	单位土地面积氨氮排放量	吨 / 平方公里	逆	0.660	0.353	13	中国统计
39	人均氨氮排放量	吨 / 人	逆	0.001	0.000	1	中国统计
40	单位耕地面积化肥施用量	万吨 / 千公顷	逆	0.047	0.040	12	中国统计

续表

序号	指标名称	单位	指标属性	2017年测评均值	2017年北京数值	2017年北京排名	2017年数据来源
41	单位耕地面积农药使用量	吨/千公顷	逆	14.931	12.754	17	中国统计；环境年鉴
42	人均公路交通氮氧化物排放量	吨/万人	逆	46.153	30.848	8	中国统计
43	环境保护支出占财政支出比重	%	正	3.099	6.718	1	中国统计
44	环境污染治理投资总额占地区生产总值比重	%	正	1.305	2.376	4	环境年鉴
45	农村人均改厕的政府投资	元/人	正	13.797	0.601	30	环境年鉴
46	单位耕地面积退耕还林投资完成额	万元/千公顷	正	19.400	2.550	27	中国统计；环境年鉴
47	科教文卫支出占财政支出比重	%	正	28.205	28.767	15	中国统计
48	城市人均绿地面积	公顷/人	正	0.004	0.004	6	中国统计
49	城市用水普及率	%	正	98.150	100.000	1	中国统计
50	城市污水处理率	%	正	89.895	97.570	1	环境年鉴
51	城市生活垃圾无害化处理率	%	正	96.730	99.900	6	中国统计
52	城市每万人拥有公交车辆	标台	正	14.222	26.550	1	中国统计
53	人均城市公共交通运营线路网长度	公里/人	正	0.001	0.001	6	中国统计
54	农村累计已改水受益人口占农村总人口比重	%	正	96.117	100.000	1	环境年鉴
55	人均互联网宽带接入端口	个/人	正	0.567	0.837	2	中国统计
56	建成区绿化覆盖率	%	正	39.987	48.400	1	中国统计
57	人均当年新增造林面积	公顷/万人	正	72.570	18.572	24	中国统计
58	工业二氧化硫去除率	%	正	81.978	76.036	24	环境年鉴
59	工业废水化学需氧量去除率	%	正	80.808	91.880	3	环境年鉴

续表

序号	指标名称	单位	指标属性	2017 年测评均值	2017 年北京数值	2017 年北京排名	2017 年数据来源
60	工业氮氧化物去除率	%	正	36.601	48.569	2	环境年鉴
61	工业废水氨氮去除率	%	正	76.455	88.054	8	环境年鉴
62	突发环境事件次数	次	逆	10	11	18	中国统计

年鉴说明：中国统计——《中国统计年鉴 2018》；城市——《中国城市统计年鉴 2018》；环境年鉴——《中国环境统计年鉴 2018》；工业经济——《中国工业经济统计年鉴 2018》。

天津绿色发展“体检”表

序号	指标名称	单位	指标属性	2017 年测评均值	2017 年天津数值	2017 年天津排名	2017 年数据来源
1	人均地区生产总值	元 / 人	正	61575.269	118943.187	3	中国统计
2	单位地区生产总值能耗	吨标准煤 / 万元	逆	0.714	0.432	7	中国统计
3	非化石能源消费量占能源消费量的比重		正	NA	NA	NA	
4	单位地区生产总值二氧化碳排放量		逆	NA	NA	NA	
5	单位地区生产总值二氧化硫排放量	吨 / 万元	逆	0.002	0.000	3	中国统计
6	单位地区生产总值化学需氧量排放量	吨 / 万元	逆	0.001	0.000	3	中国统计
7	单位地区生产总值氮氧化物排放量	吨 / 万元	逆	0.002	0.001	3	中国统计
8	单位地区生产总值氨氮排放量	吨 / 万元	逆	0.000	0.000	1	中国统计
9	技术市场成交额占 GDP 的比重	%	正	0.016	0.030	3	中国统计
10	人均城镇生活消费用电	千瓦时 / 人	逆	436.409	731.960	28	城市
11	第一产业劳动生产率	万元 / 人	正	2.724	2.614	13	省（市、区）统计年鉴；统计公报等
12	土地产出率	亿元 / 千公顷	正	0.432	0.417	11	中国统计

续表

序号	指标名称	单位	指标属性	2017年测评均值	2017年天津数值	2017年天津排名	2017年数据来源
13	节灌率	%	正	0.564	0.768	4	中国统计；环境年鉴
14	有效灌溉面积占耕地面积比重	%	正	0.537	0.702	8	中国统计；环境年鉴
15	第二产业劳动生产率	万元/人	正	34.949	17.853	11	省（市、区）统计年鉴；统计公报等
16	单位工业增加值水耗	立方米/元	逆	0.004	0.001	1	中国统计
17	规模以上单位工业增加值能耗		逆	NA	NA	NA	
18	工业固体废物综合利用率	%	正	53.912	98.923	1	中国统计
19	工业用水重复利用率	%	正	88.956	95.732	1	环境年鉴
20	六大高载能行业产值占工业总产值比重	%	逆	36.669	33.583	15	工业经济
21	第三产业劳动生产率	万元/人	正	15.682	20.122	5	省（市、区）统计年鉴；统计公报等
22	第三产业增加值比重	%	正	50.383	58.152	3	中国统计
23	第三产业就业人员比重	%	正	41.037	60.483	3	省（市、区）统计年鉴；统计公报等
24	人均水资源量	立方米/人	正	2139.680	83.400	30	中国统计
25	人均森林面积	公顷/人	正	0.198	0.007	29	中国统计
26	森林覆盖率	%	正	33.061	9.870	28	中国统计
27	自然保护区面积占辖区面积比重	%	正	8.720	7.600	12	中国统计；环境年鉴
28	湿地面积占国土面积的比重	%	正	9.228	23.940	3	中国统计
29	人均活立木总蓄积量	立方米/人	正	11.669	0.292	29	中国统计
30	单位土地面积二氧化碳排放量		逆	NA	NA	NA	
31	人均二氧化碳排放量		逆	NA	NA	NA	
32	单位土地面积二氧化硫排放量	吨/平方公里	逆	2.947	4.666	28	中国统计
33	人均二氧化硫排放量	吨/人	逆	0.008	0.004	9	中国统计

续表

序号	指标名称	单位	指标属性	2017 年测评均值	2017 年天津数值	2017 年天津排名	2017 年数据来源
34	单位土地面积化学需氧量排放量	吨 / 平方公里	逆	4.257	7.770	27	中国统计
35	人均化学需氧量排放量	吨 / 人	逆	0.008	0.006	10	中国统计
36	单位土地面积氮氧化物排放量	吨 / 平方公里	逆	5.353	11.941	27	中国统计
37	人均氮氧化物排放量	吨 / 人	逆	0.010	0.009	18	中国统计
38	单位土地面积氨氮排放量	吨 / 平方公里	逆	0.660	1.192	28	中国统计
39	人均氨氮排放量	吨 / 人	逆	0.001	0.001	10	中国统计
40	单位耕地面积化肥施用量	万吨 / 千公顷	逆	0.047	0.041	14	中国统计
41	单位耕地面积农药使用量	吨 / 千公顷	逆	14.931	5.387	8	中国统计；环境年鉴
42	人均公路交通氮氧化物排放量	吨 / 万人	逆	46.153	31.419	9	中国统计
43	环境保护支出占财政支出比重	%	正	3.099	3.358	9	中国统计
44	环境污染治理投资总额占地区生产总值比重	%	正	1.305	0.383	30	环境年鉴
45	农村人均改厕的政府投资	元 / 人	正	13.797	1.624	28	环境年鉴
46	单位耕地面积退耕还林投资完成额	万元 / 千公顷	正	19.400	1.007	30	中国统计；环境年鉴
47	科教文卫支出占财政支出比重	%	正	28.205	24.086	24	中国统计
48	城市人均绿地面积	公顷 / 人	正	0.004	0.003	12	中国统计
49	城市用水普及率	%	正	98.150	100.000	1	中国统计
50	城市污水处理率	%	正	89.895	92.580	14	环境年鉴
51	城市生活垃圾无害化处理率	%	正	96.730	94.400	26	中国统计

续表

序号	指标名称	单位	指标属性	2017年测评均值	2017年天津数值	2017年天津排名	2017年数据来源
52	城市每万人拥有公交车辆	标台	正	14.222	19.640	2	中国统计
53	人均城市公共交通运营线路网长度	公里 / 人	正	0.001	0.002	3	中国统计
54	农村累计已改水受益人口占农村总人口比重	%	正	96.117	100.000	1	环境年鉴
55	人均互联网宽带接入端口	个 / 人	正	0.567	0.510	20	中国统计
56	建成区绿化覆盖率	%	正	39.987	36.800	26	中国统计
57	人均当年新增造林面积	公顷 / 万人	正	72.570	7.838	27	中国统计
58	工业二氧化硫去除率	%	正	81.978	87.438	11	环境年鉴
59	工业废水化学需氧量去除率	%	正	80.808	75.260	24	环境年鉴
60	工业氮氧化物去除率	%	正	36.601	38.332	15	环境年鉴
61	工业废水氨氮去除率	%	正	76.455	48.825	28	环境年鉴
62	突发环境事件次数	次	逆	10	0	1	中国统计

年鉴说明：中国统计——《中国统计年鉴 2018》；城市——《中国城市统计年鉴 2018》；环境年鉴——《中国环境统计年鉴 2018》；工业经济——《中国工业经济统计年鉴 2018》。

河北绿色发展“体检”表

序号	指标名称	单位	指标属性	2017年测评均值	2017年河北数值	2017年河北排名	2017年数据来源
1	人均地区生产总值	元 / 人	正	61575.269	45385.350	19	中国统计
2	单位地区生产总值能耗	吨标准煤 / 万元	逆	0.714	0.893	23	中国统计
3	非化石能源消费量占能源消费量的比重		正	NA	NA	NA	
4	单位地区生产总值二氧化碳排放量		逆	NA	NA	NA	
5	单位地区生产总值二氧化硫排放量	吨 / 万元	逆	0.002	0.002	21	中国统计

续表

序号	指标名称	单位	指标属性	2017 年测评均值	2017 年河北数值	2017 年河北排名	2017 年数据来源
6	单位地区生产总值化学需氧量排放量	吨 / 万元	逆	0.001	0.001	16	中国统计
7	单位地区生产总值氮氧化物排放量	吨 / 万元	逆	0.002	0.003	26	中国统计
8	单位地区生产总值氨氮排放量	吨 / 万元	逆	0.000	0.000	19	中国统计
9	技术市场成交额占 GDP 的比重	%	正	0.016	0.003	23	中国统计
10	人均城镇生活消费用电	千瓦时 / 人	逆	436.409	237.299	6	城市
11	第一产业劳动生产率	万元 / 人	正	2.724	2.279	19	省（市、区）统计年鉴；统计公报等
12	土地产出率	亿元 / 千公顷	正	0.432	0.345	18	中国统计
13	节灌率	%	正	0.564	0.763	7	中国统计；环境年鉴
14	有效灌溉面积占耕地面积比重	%	正	0.537	0.686	9	中国统计；环境年鉴
15	第二产业劳动生产率	万元 / 人	正	34.949	11.174	26	省（市、区）统计年鉴；统计公报等
16	单位工业增加值水耗	立方米 / 元	逆	0.004	0.001	4	中国统计
17	规模以上单位工业增加值能耗		逆	NA	NA	NA	
18	工业固体废物综合利用率	%	正	53.912	55.108	13	中国统计
19	工业用水重复利用率	%	正	88.956	94.057	5	环境年鉴
20	六大高载能行业产值占工业总产值比重	%	逆	36.669	41.755	22	工业经济
21	第三产业劳动生产率	万元 / 人	正	15.682	10.565	18	省（市、区）统计年鉴；统计公报等
22	第三产业增加值比重	%	正	50.383	44.214	26	中国统计
23	第三产业就业人员比重	%	正	41.037	34.308	24	省（市、区）统计年鉴；统计公报等

续表

序号	指标名称	单位	指标属性	2017 年测评均值	2017 年河北数值	2017 年河北排名	2017 年数据来源
24	人均水资源量	立方米 / 人	正	2139.680	184.500	26	中国统计
25	人均森林面积	公顷 / 人	正	0.198	0.058	24	中国统计
26	森林覆盖率	%	正	33.061	23.410	19	中国统计
27	自然保护区面积占辖区面积比重	%	正	8.720	3.700	27	中国统计；环境年鉴
28	湿地面积占国土面积的比重	%	正	9.228	5.040	17	中国统计
29	人均活立木总蓄积量	立方米 / 人	正	11.669	1.740	24	中国统计
30	单位土地面积二氧化碳排放量		逆	NA	NA	NA	
31	人均二氧化碳排放量		逆	NA	NA	NA	
32	单位土地面积二氧化硫排放量	吨 / 平方公里	逆	2.947	3.227	21	中国统计
33	人均二氧化硫排放量	吨 / 人	逆	0.008	0.008	21	中国统计
34	单位土地面积化学需氧量排放量	吨 / 平方公里	逆	4.257	2.608	11	中国统计
35	人均化学需氧量排放量	吨 / 人	逆	0.008	0.006	12	中国统计
36	单位土地面积氮氧化物排放量	吨 / 平方公里	逆	5.353	5.657	23	中国统计
37	人均氮氧化物排放量	吨 / 人	逆	0.010	0.014	26	中国统计
38	单位土地面积氨氮排放量	吨 / 平方公里	逆	0.660	0.381	15	中国统计
39	人均氨氮排放量	吨 / 人	逆	0.001	0.001	13	中国统计
40	单位耕地面积化肥施用量	万吨 / 千公顷	逆	0.047	0.049	19	中国统计
41	单位耕地面积农药使用量	吨 / 千公顷	逆	14.931	11.907	16	中国统计；环境年鉴
42	人均公路交通氮氧化物排放量	吨 / 万人	逆	46.153	63.109	26	中国统计
43	环境保护支出占财政支出比重	%	正	3.099	5.324	2	中国统计

续表

序号	指标名称	单位	指标属性	2017 年测评均值	2017 年河北数值	2017 年河北排名	2017 年数据来源
44	环境污染治理投资总额占地区生产总值比重	%	正	1.305	1.684	7	环境年鉴
45	农村人均改厕的政府投资	元 / 人	正	13.797	3.682	24	环境年鉴
46	单位耕地面积退耕还林投资完成额	万元 / 千公顷	正	19.400	9.272	15	中国统计；环境年鉴
47	科教文卫支出占财政支出比重	%	正	28.205	30.936	11	中国统计
48	城市人均绿地面积	公顷 / 人	正	0.004	0.002	26	中国统计
49	城市用水普及率	%	正	98.150	99.050	11	中国统计
50	城市污水处理率	%	正	89.895	96.060	3	环境年鉴
51	城市生活垃圾无害化处理率	%	正	96.730	99.800	10	中国统计
52	城市每万人拥有公交车辆	标台	正	14.222	15.340	8	中国统计
53	人均城市公共交通运营线路网长度	公里 / 人	正	0.001	0.000	18	中国统计
54	农村累计已改水受益人口占农村总人口比重	%	正	96.117	99.003	12	环境年鉴
55	人均互联网宽带接入端口	个 / 人	正	0.567	0.551	15	中国统计
56	建成区绿化覆盖率	%	正	39.987	41.800	8	中国统计
57	人均当年新增造林面积	公顷 / 万人	正	72.570	64.212	14	中国统计
58	工业二氧化硫去除率	%	正	81.978	82.403	18	环境年鉴
59	工业废水化学需氧量去除率	%	正	80.808	89.379	7	环境年鉴
60	工业氮氧化物去除率	%	正	36.601	44.528	4	环境年鉴
61	工业废水氨氮去除率	%	正	76.455	84.993	11	环境年鉴
62	突发环境事件次数	次	逆	10	2	3	中国统计

年鉴说明：中国统计——《中国统计年鉴 2018》；城市——《中国城市统计年鉴 2018》；环境年鉴——《中国环境统计年鉴 2018》；工业经济——《中国工业经济统计年鉴 2018》。

山西绿色发展“体检”表

序号	指标名称	单位	指标属性	2017 年测评均值	2017 年山西数值	2017 年山西排名	2017 年数据来源
1	人均地区生产总值	元 / 人	正	61575.269	42059.642	25	中国统计
2	单位地区生产总值能耗	吨标准煤 / 万元	逆	0.714	1.292	27	中国统计
3	非化石能源消费量占能源消费量的比重		正	NA	NA	NA	
4	单位地区生产总值二氧化碳排放量		逆	NA	NA	NA	
5	单位地区生产总值二氧化硫排放量	吨 / 万元	逆	0.002	0.004	27	中国统计
6	单位地区生产总值化学需氧量排放量	吨 / 万元	逆	0.001	0.001	14	中国统计
7	单位地区生产总值氮氧化物排放量	吨 / 万元	逆	0.002	0.003	28	中国统计
8	单位地区生产总值氨氮排放量	吨 / 万元	逆	0.000	0.000	15	中国统计
9	技术市场成交额占 GDP 的比重	%	正	0.016	0.006	17	中国统计
10	人均城镇生活消费用电	千瓦时 / 人	逆	436.409	310.540	14	城市
11	第一产业劳动生产率	万元 / 人	正	2.724	7.432	1	省（市、区）统计年鉴；统计公报等
12	土地产出率	亿元 / 千公顷	正	0.432	0.241	27	中国统计
13	节灌率	%	正	0.564	0.537	18	中国统计；环境年鉴
14	有效灌溉面积占耕地面积比重	%	正	0.537	0.373	21	中国统计；环境年鉴
15	第二产业劳动生产率	万元 / 人	正	34.949	16.346	12	省（市、区）统计年鉴；统计公报等
16	单位工业增加值水耗	立方米 / 元	逆	0.004	0.002	6	中国统计
17	规模以上单位工业增加值能耗		逆	NA	NA	NA	
18	工业固体废物综合利用率	%	正	53.912	32.711	25	中国统计

续表

序号	指标名称	单位	指标属性	2017 年测评均值	2017 年山西数值	2017 年山西排名	2017 年数据来源
19	工业用水重复利用率	%	正	88.956	92.778	8	环境年鉴
20	六大高载能行业产值占工业总产值比重	%	逆	36.669	42.962	23	工业经济
21	第三产业劳动生产率	万元 / 人	正	15.682	10.592	17	省（市、区）统计年鉴；统计公报等
22	第三产业增加值比重	%	正	50.383	51.714	10	中国统计
23	第三产业就业人员比重	%	正	41.037	39.690	18	省（市、区）统计年鉴；统计公报等
24	人均水资源量	立方米 / 人	正	2139.680	352.700	24	中国统计
25	人均森林面积	公顷 / 人	正	0.198	0.076	22	中国统计
26	森林覆盖率	%	正	33.061	18.030	22	中国统计
27	自然保护区面积占辖区面积比重	%	正	8.720	7.000	16	中国统计；环境年鉴
28	湿地面积占国土面积的比重	%	正	9.228	0.970	30	中国统计
29	人均活立木总蓄积量	立方米 / 人	正	11.669	2.982	22	中国统计
30	单位土地面积二氧化碳排放量		逆	NA	NA	NA	
31	人均二氧化碳排放量		逆	NA	NA	NA	
32	单位土地面积二氧化硫排放量	吨 / 平方公里	逆	2.947	3.651	24	中国统计
33	人均二氧化硫排放量	吨 / 人	逆	0.008	0.016	26	中国统计
34	单位土地面积化学需氧量排放量	吨 / 平方公里	逆	4.257	1.244	6	中国统计
35	人均化学需氧量排放量	吨 / 人	逆	0.008	0.005	6	中国统计
36	单位土地面积氮氧化物排放量	吨 / 平方公里	逆	5.353	3.319	15	中国统计
37	人均氮氧化物排放量	吨 / 人	逆	0.010	0.014	27	中国统计
38	单位土地面积氨氮排放量	吨 / 平方公里	逆	0.660	0.197	7	中国统计
39	人均氨氮排放量	吨 / 人	逆	0.001	0.001	7	中国统计

续表

序号	指标名称	单位	指标属性	2017 年测评均值	2017 年山西数值	2017 年山西排名	2017 年数据来源
40	单位耕地面积化肥施用量	万吨 / 千公顷	逆	0.047	0.028	6	中国统计
41	单位耕地面积农药使用量	吨 / 千公顷	逆	14.931	7.108	9	中国统计；环境年鉴
42	人均公路交通氮氧化物排放量	吨 / 万人	逆	46.153	63.922	27	中国统计
43	环境保护支出占财政支出比重	%	正	3.099	3.431	7	中国统计
44	环境污染治理投资总额占地区生产总值比重	%	正	1.305	1.858	5	环境年鉴
45	农村人均改厕的政府投资	元 / 人	正	13.797	5.101	21	环境年鉴
46	单位耕地面积退耕还林投资完成额	万元 / 千公顷	正	19.400	59.658	2	中国统计；环境年鉴
47	科教文卫支出占财政支出比重	%	正	28.205	28.330	18	中国统计
48	城市人均绿地面积	公顷 / 人	正	0.004	0.003	18	中国统计
49	城市用水普及率	%	正	98.150	97.810	20	中国统计
50	城市污水处理率	%	正	89.895	92.260	15	环境年鉴
51	城市生活垃圾无害化处理率	%	正	96.730	94.900	24	中国统计
52	城市每万人拥有公交车辆	标台	正	14.222	9.740	30	中国统计
53	人均城市公共交通运营线路网长度	公里 / 人	正	0.001	0.000	22	中国统计
54	农村累计已改水受益人口占农村总人口比重	%	正	96.117	91.614	24	环境年鉴
55	人均互联网宽带接入端口	个 / 人	正	0.567	0.498	21	中国统计
56	建成区绿化覆盖率	%	正	39.987	40.600	11	中国统计

续表

序号	指标名称	单位	指标属性	2017 年测评均值	2017 年山西数值	2017 年山西排名	2017 年数据来源
57	人均当年新增造林面积	公顷 / 万人	正	72.570	84.498	8	中国统计
58	工业二氧化硫去除率	%	正	81.978	86.130	13	环境年鉴
59	工业废水化学需氧量去除率	%	正	80.808	78.516	20	环境年鉴
60	工业氮氧化物去除率	%	正	36.601	36.634	18	环境年鉴
61	工业废水氨氮去除率	%	正	76.455	79.109	20	环境年鉴
62	突发环境事件次数	次	逆	10	19	28	中国统计

年鉴说明：中国统计——《中国统计年鉴 2018》；城市——《中国城市统计年鉴 2018》；环境年鉴——《中国环境统计年鉴 2018》；工业经济——《中国工业经济统计年鉴 2018》。

内蒙古绿色发展“体检”表

序号	指标名称	单位	指标属性	2017 年测评均值	2017 年内蒙古数值	2017 年内蒙古排名	2017 年数据来源
1	人均地区生产总值	元 / 人	正	61575.269	63759.992	9	中国统计
2	单位地区生产总值能耗	吨标准煤 / 万元	逆	0.714	1.237	26	中国统计
3	非化石能源消费量占能源消费量的比重		正	NA	NA	NA	
4	单位地区生产总值二氧化碳排放量		逆	NA	NA	NA	
5	单位地区生产总值二氧化硫排放量	吨 / 万元	逆	0.002	0.003	24	中国统计
6	单位地区生产总值化学需氧量排放量	吨 / 万元	逆	0.001	0.001	8	中国统计
7	单位地区生产总值氮氧化物排放量	吨 / 万元	逆	0.002	0.003	27	中国统计
8	单位地区生产总值氨氮排放量	吨 / 万元	逆	0.000	0.000	5	中国统计
9	技术市场成交额占 GDP 的比重	%	正	0.016	0.001	28	中国统计
10	人均城镇生活消费用电	千瓦时 / 人	逆	436.409	446.119	22	城市

续表

序号	指标名称	单位	指标属性	2017 年测评均值	2017 年内蒙古数值	2017 年内蒙古排名	2017 年数据来源
11	第一产业劳动生产率	万元 / 人	正	2.724	2.796	8	省（市、区）统计年鉴；统计公报等
12	土地产出率	亿元 / 千公顷	正	0.432	0.159	29	中国统计
13	节灌率	%	正	0.564	0.882	2	中国统计；环境年鉴
14	有效灌溉面积占耕地面积比重	%	正	0.537	0.342	23	中国统计；环境年鉴
15	第二产业劳动生产率	万元 / 人	正	34.949	27.910	3	省（市、区）统计年鉴；统计公报等
16	单位工业增加值水耗	立方米 / 元	逆	0.004	0.003	12	中国统计
17	规模以上单位工业增加值能耗		逆	NA	NA	NA	
18	工业固体废物综合利用率	%	正	53.912	29.539	29	中国统计
19	工业用水重复利用率	%	正	88.956	93.346	6	环境年鉴
20	六大高载能行业产值占工业总产值比重	%	逆	36.669	40.605	21	工业经济
21	第三产业劳动生产率	万元 / 人	正	15.682	12.768	10	省（市、区）统计年鉴；统计公报等
22	第三产业增加值比重	%	正	50.383	49.992	12	中国统计
23	第三产业就业人员比重	%	正	41.037	42.859	10	省（市、区）统计年鉴；统计公报等
24	人均水资源量	立方米 / 人	正	2139.680	1227.500	18	中国统计
25	人均森林面积	公顷 / 人	正	0.198	0.984	1	中国统计
26	森林覆盖率	%	正	33.061	21.030	21	中国统计
27	自然保护区面积占辖区面积比重	%	正	8.720	10.700	8	中国统计；环境年鉴
28	湿地面积占国土面积的比重	%	正	9.228	5.080	16	中国统计
29	人均活立木总蓄积量	立方米 / 人	正	11.669	58.686	1	中国统计
30	单位土地面积二氧化碳排放量		逆	NA	NA	NA	

续表

序号	指标名称	单位	指标属性	2017 年测评均值	2017 年内蒙古数值	2017 年内蒙古排名	2017 年数据来源
31	人均二氧化碳排放量		逆	NA	NA	NA	
32	单位土地面积二氧化硫排放量	吨 / 平方公里	逆	2.947	0.821	4	中国统计
33	人均二氧化硫排放量	吨 / 人	逆	0.008	0.022	29	中国统计
34	单位土地面积化学需氧量排放量	吨 / 平方公里	逆	4.257	0.225	1	中国统计
35	人均化学需氧量排放量	吨 / 人	逆	0.008	0.006	9	中国统计
36	单位土地面积氮氧化物排放量	吨 / 平方公里	逆	5.353	0.760	2	中国统计
37	人均氮氧化物排放量	吨 / 人	逆	0.010	0.020	29	中国统计
38	单位土地面积氨氮排放量	吨 / 平方公里	逆	0.660	0.029	1	中国统计
39	人均氨氮排放量	吨 / 人	逆	0.001	0.001	5	中国统计
40	单位耕地面积化肥施用量	万吨 / 千公顷	逆	0.047	0.025	5	中国统计
41	单位耕地面积农药使用量	吨 / 千公顷	逆	14.931	3.842	5	中国统计；环境年鉴
42	人均公路交通氮氧化物排放量	吨 / 万人	逆	46.153	93.878	28	中国统计
43	环境保护支出占财政支出比重	%	正	3.099	3.172	11	中国统计
44	环境污染治理投资总额占地区生产总值比重	%	正	1.305	2.606	2	环境年鉴
45	农村人均改厕的政府投资	元 / 人	正	13.797	16.651	8	环境年鉴
46	单位耕地面积退耕还林投资完成额	万元 / 千公顷	正	19.400	17.416	11	中国统计；环境年鉴
47	科教文卫支出占财政支出比重	%	正	28.205	22.865	29	中国统计
48	城市人均绿地面积	公顷 / 人	正	0.004	0.004	7	中国统计

续表

序号	指标名称	单位	指标属性	2017年测评均值	2017年内蒙古数值	2017年内蒙古排名	2017年数据来源
49	城市用水普及率	%	正	98.150	99.100	10	中国统计
50	城市污水处理率	%	正	89.895	95.050	4	环境年鉴
51	城市生活垃圾无害化处理率	%	正	96.730	99.400	13	中国统计
52	城市每万人拥有公交车辆	标台	正	14.222	10.650	28	中国统计
53	人均城市公共交通运营线路网长度	公里/人	正	0.001	0.001	17	中国统计
54	农村累计已改水受益人口占农村总人口比重	%	正	96.117	96.352	18	环境年鉴
55	人均互联网宽带接入端口	个/人	正	0.567	0.513	18	中国统计
56	建成区绿化覆盖率	%	正	39.987	40.200	15	中国统计
57	人均当年新增造林面积	公顷/万人	正	72.570	269.540	2	中国统计
58	工业二氧化硫去除率	%	正	81.978	92.432	2	环境年鉴
59	工业废水化学需氧量去除率	%	正	80.808	84.006	14	环境年鉴
60	工业氮氧化物去除率	%	正	36.601	33.235	21	环境年鉴
61	工业废水氨氮去除率	%	正	76.455	88.774	6	环境年鉴
62	突发环境事件次数	次	逆	10	1	2	中国统计

年鉴说明：中国统计——《中国统计年鉴2018》；城市——《中国城市统计年鉴2018》；环境年鉴——《中国环境统计年鉴2018》；工业经济——《中国工业经济统计年鉴2018》。

辽宁绿色发展"体检"表

序号	指标名称	单位	指标属性	2017 年测评均值	2017 年辽宁数值	2017 年辽宁排名	2017 年数据来源
1	人均地区生产总值	元 / 人	正	61575.269	53525.186	14	中国统计
2	单位地区生产总值能耗	吨标准煤 / 万元	逆	0.714	0.921	24	中国统计
3	非化石能源消费量占能源消费量的比重		正	NA	NA	NA	
4	单位地区生产总值二氧化碳排放量		逆	NA	NA	NA	
5	单位地区生产总值二氧化硫排放量	吨 / 万元	逆	0.002	0.002	20	中国统计
6	单位地区生产总值化学需氧量排放量	吨 / 万元	逆	0.001	0.001	10	中国统计
7	单位地区生产总值氮氧化物排放量	吨 / 万元	逆	0.002	0.003	22	中国统计
8	单位地区生产总值氨氮排放量	吨 / 万元	逆	0.000	0.000	17	中国统计
9	技术市场成交额占 GDP 的比重	%	正	0.016	0.016	8	中国统计
10	人均城镇生活消费用电	千瓦时 / 人	逆	436.409	394.490	20	城市
11	第一产业劳动生产率	万元 / 人	正	2.724	2.679	11	省（市、区）统计年鉴；统计公报等
12	土地产出率	亿元 / 千公顷	正	0.432	0.388	14	中国统计
13	节灌率	%	正	0.564	0.577	16	中国统计；环境年鉴
14	有效灌溉面积占耕地面积比重	%	正	0.537	0.324	24	中国统计；环境年鉴
15	第二产业劳动生产率	万元 / 人	正	34.949	16.244	13	省（市、区）统计年鉴；统计公报等
16	单位工业增加值水耗	立方米 / 元	逆	0.004	0.003	8	中国统计
17	规模以上单位工业增加值能耗		逆	NA	NA	NA	
18	工业固体废物综合利用率	%	正	53.912	30.054	28	中国统计

续表

序号	指标名称	单位	指标属性	2017 年测评均值	2017 年辽宁数值	2017 年辽宁排名	2017 年数据来源
19	工业用水重复利用率	%	正	88.956	89.586	16	环境年鉴
20	六大高载能行业产值占工业总产值比重	%	逆	36.669	43.921	24	工业经济
21	第三产业劳动生产率	万元 / 人	正	15.682	12.108	13	省（市、区）统计年鉴；统计公报等
22	第三产业增加值比重	%	正	50.383	52.574	9	中国统计
23	第三产业就业人员比重	%	正	41.037	44.198	9	省（市、区）统计年鉴；统计公报等
24	人均水资源量	立方米 / 人	正	2139.680	426.000	23	中国统计
25	人均森林面积	公顷 / 人	正	0.198	0.128	16	中国统计
26	森林覆盖率	%	正	33.061	38.240	14	中国统计
27	自然保护区面积占辖区面积比重	%	正	8.720	13.400	6	中国统计；环境年鉴
28	湿地面积占国土面积的比重	%	正	9.228	9.420	9	中国统计
29	人均活立木总蓄积量	立方米 / 人	正	11.669	5.945	15	中国统计
30	单位土地面积二氧化碳排放量		逆	NA	NA	NA	
31	人均二氧化碳排放量		逆	NA	NA	NA	
32	单位土地面积二氧化硫排放量	吨 / 平方公里	逆	2.947	2.647	18	中国统计
33	人均二氧化硫排放量	吨 / 人	逆	0.008	0.009	23	中国统计
34	单位土地面积化学需氧量排放量	吨 / 平方公里	逆	4.257	1.723	9	中国统计
35	人均化学需氧量排放量	吨 / 人	逆	0.008	0.006	7	中国统计
36	单位土地面积氮氧化物排放量	吨 / 平方公里	逆	5.353	4.111	20	中国统计
37	人均氮氧化物排放量	吨 / 人	逆	0.010	0.014	25	中国统计
38	单位土地面积氨氮排放量	吨 / 平方公里	逆	0.660	0.327	10	中国统计
39	人均氨氮排放量	吨 / 人	逆	0.001	0.001	19	中国统计

续表

序号	指标名称	单位	指标属性	2017 年测评均值	2017 年辽宁数值	2017 年辽宁排名	2017 年数据来源
40	单位耕地面积化肥施用量	万吨 / 千公顷	逆	0.047	0.029	7	中国统计
41	单位耕地面积农药使用量	吨 / 千公顷	逆	14.931	11.560	15	中国统计；环境年鉴
42	人均公路交通氮氧化物排放量	吨 / 万人	逆	46.153	55.563	23	中国统计
43	环境保护支出占财政支出比重	%	正	3.099	2.183	27	中国统计
44	环境污染治理投资总额占地区生产总值比重	%	正	1.305	0.916	18	环境年鉴
45	农村人均改厕的政府投资	元 / 人	正	13.797	4.409	23	环境年鉴
46	单位耕地面积退耕还林投资完成额	万元 / 千公顷	正	19.400	5.314	24	中国统计；环境年鉴
47	科教文卫支出占财政支出比重	%	正	28.205	23.128	27	中国统计
48	城市人均绿地面积	公顷 / 人	正	0.004	0.004	9	中国统计
49	城市用水普及率	%	正	98.150	98.450	16	中国统计
50	城市污水处理率	%	正	89.895	93.400	10	环境年鉴
51	城市生活垃圾无害化处理率	%	正	96.730	99.100	16	中国统计
52	城市每万人拥有公交车辆	标台	正	14.222	13.230	20	中国统计
53	人均城市公共交通运营线路网长度	公里 / 人	正	0.001	0.001	14	中国统计
54	农村累计已改水受益人口占农村总人口比重	%	正	96.117	96.899	16	环境年鉴
55	人均互联网宽带接入端口	个 / 人	正	0.567	0.713	6	中国统计
56	建成区绿化覆盖率	%	正	39.987	40.700	10	中国统计

续表

序号	指标名称	单位	指标属性	2017 年测评均值	2017 年辽宁数值	2017 年辽宁排名	2017 年数据来源
57	人均当年新增造林面积	公顷 / 万人	正	72.570	32.977	19	中国统计
58	工业二氧化硫去除率	%	正	81.978	72.878	27	环境年鉴
59	工业废水化学需氧量去除率	%	正	80.808	82.592	17	环境年鉴
60	工业氮氧化物去除率	%	正	36.601	26.165	26	环境年鉴
61	工业废水氨氮去除率	%	正	76.455	90.383	2	环境年鉴
62	突发环境事件次数	次	逆	10	15	23	中国统计

年鉴说明：中国统计——《中国统计年鉴 2018》；城市——《中国城市统计年鉴 2018》；环境年鉴——《中国环境统计年鉴 2018》；工业经济——《中国工业经济统计年鉴 2018》。

吉林绿色发展“体检”表

序号	指标名称	单位	指标属性	2017 年测评均值	2017 年吉林数值	2017 年吉林排名	2017 年数据来源
1	人均地区生产总值	元 / 人	正	61575.269	54842.312	13	中国统计
2	单位地区生产总值能耗	吨标准煤 / 万元	逆	0.714	0.536	16	中国统计
3	非化石能源消费量占能源消费量的比重		正	NA	NA	NA	
4	单位地区生产总值二氧化碳排放量		逆	NA	NA	NA	
5	单位地区生产总值二氧化硫排放量	吨 / 万元	逆	0.002	0.001	17	中国统计
6	单位地区生产总值化学需氧量排放量	吨 / 万元	逆	0.001	0.001	12	中国统计
7	单位地区生产总值氮氧化物排放量	吨 / 万元	逆	0.002	0.002	17	中国统计
8	单位地区生产总值氨氮排放量	吨 / 万元	逆	0.000	0.000	11	中国统计
9	技术市场成交额占 GDP 的比重	%	正	0.016	0.015	9	中国统计
10	人均城镇生活消费用电	千瓦时 / 人	逆	436.409	280.622	11	城市

续表

序号	指标名称	单位	指标属性	2017 年测评均值	2017 年吉林数值	2017 年吉林排名	2017 年数据来源
11	第一产业劳动生产率	万元 / 人	正	2.724	2.192	21	省（市、区）统计年鉴；统计公报等
12	土地产出率	亿元 / 千公顷	正	0.432	0.147	30	中国统计
13	节灌率	%	正	0.564	0.401	20	中国统计；环境年鉴
14	有效灌溉面积占耕地面积比重	%	正	0.537	0.271	28	中国统计；环境年鉴
15	第二产业劳动生产率	万元 / 人	正	34.949	21.853	7	省（市、区）统计年鉴；统计公报等
16	单位工业增加值水耗	立方米 / 元	逆	0.004	0.003	10	中国统计
17	规模以上单位工业增加值能耗		逆	NA	NA	NA	
18	工业固体废物综合利用率	%	正	53.912	39.136	17	中国统计
19	工业用水重复利用率	%	正	88.956	91.595	11	环境年鉴
20	六大高载能行业产值占工业总产值比重	%	逆	36.669	21.584	4	工业经济
21	第三产业劳动生产率	万元 / 人	正	15.682	10.147	20	省（市、区）统计年鉴；统计公报等
22	第三产业增加值比重	%	正	50.383	45.841	22	中国统计
23	第三产业就业人员比重	%	正	41.037	45.837	5	省（市、区）统计年鉴；统计公报等
24	人均水资源量	立方米 / 人	正	2139.680	1447.300	16	中国统计
25	人均森林面积	公顷 / 人	正	0.198	0.281	6	中国统计
26	森林覆盖率	%	正	33.061	40.380	11	中国统计
27	自然保护区面积占辖区面积比重	%	正	8.720	13.500	5	中国统计；环境年鉴
28	湿地面积占国土面积的比重	%	正	9.228	5.320	15	中国统计
29	人均活立木总蓄积量	立方米 / 人	正	11.669	35.530	4	中国统计
30	单位土地面积二氧化碳排放量		逆	NA	NA	NA	

续表

序号	指标名称	单位	指标属性	2017年测评均值	2017年吉林数值	2017年吉林排名	2017年数据来源
31	人均二氧化碳排放量		逆	NA	NA	NA	
32	单位土地面积二氧化硫排放量	吨/平方公里	逆	2.947	1.126	7	中国统计
33	人均二氧化硫排放量	吨/人	逆	0.008	0.006	16	中国统计
34	单位土地面积化学需氧量排放量	吨/平方公里	逆	4.257	1.183	5	中国统计
35	人均化学需氧量排放量	吨/人	逆	0.008	0.006	11	中国统计
36	单位土地面积氮氧化物排放量	吨/平方公里	逆	5.353	1.731	7	中国统计
37	人均氮氧化物排放量	吨/人	逆	0.010	0.009	19	中国统计
38	单位土地面积氨氮排放量	吨/平方公里	逆	0.660	0.161	6	中国统计
39	人均氨氮排放量	吨/人	逆	0.001	0.001	9	中国统计
40	单位耕地面积化肥施用量	万吨/千公顷	逆	0.047	0.033	9	中国统计
41	单位耕地面积农药使用量	吨/千公顷	逆	14.931	8.057	11	中国统计；环境年鉴
42	人均公路交通氮氧化物排放量	吨/万人	逆	46.153	56.513	24	中国统计
43	环境保护支出占财政支出比重	%	正	3.099	3.090	14	中国统计
44	环境污染治理投资总额占地区生产总值比重	%	正	1.305	0.599	27	环境年鉴
45	农村人均改厕的政府投资	元/人	正	13.797	31.184	5	环境年鉴
46	单位耕地面积退耕还林投资完成额	万元/千公顷	正	19.400	2.417	28	中国统计；环境年鉴
47	科教文卫支出占财政支出比重	%	正	28.205	24.286	23	中国统计
48	城市人均绿地面积	公顷/人	正	0.004	0.003	15	中国统计

续表

序号	指标名称	单位	指标属性	2017 年测评均值	2017 年吉林数值	2017 年吉林排名	2017 年数据来源
49	城市用水普及率	%	正	98.150	94.850	30	中国统计
50	城市污水处理率	%	正	89.895	87.870	20	环境年鉴
51	城市生活垃圾无害化处理率	%	正	96.730	71.800	30	中国统计
52	城市每万人拥有公交车辆	标台	正	14.222	11.150	25	中国统计
53	人均城市公共交通运营线路网长度	公里 / 人	正	0.001	0.001	15	中国统计
54	农村累计已改水受益人口占农村总人口比重	%	正	96.117	100.000	1	环境年鉴
55	人均互联网宽带接入端口	个 / 人	正	0.567	0.646	7	中国统计
56	建成区绿化覆盖率	%	正	39.987	35.800	27	中国统计
57	人均当年新增造林面积	公顷 / 万人	正	72.570	56.161	17	中国统计
58	工业二氧化硫去除率	%	正	81.978	74.713	26	环境年鉴
59	工业废水化学需氧量去除率	%	正	80.808	83.190	15	环境年鉴
60	工业氮氧化物去除率	%	正	36.601	25.480	28	环境年鉴
61	工业废水氨氮去除率	%	正	76.455	58.913	26	环境年鉴
62	突发环境事件次数	次	逆	10	3	4	中国统计

年鉴说明：中国统计——《中国统计年鉴 2018》；城市——《中国城市统计年鉴 2018》；环境年鉴——《中国环境统计年鉴 2018》；工业经济——《中国工业经济统计年鉴 2018》。

黑龙江绿色发展“体检”表

序号	指标名称	单位	指标属性	2017年测评均值	2017年黑龙江数值	2017年黑龙江排名	2017年数据来源
1	人均地区生产总值	元 / 人	正	61575.269	41915.340	26	中国统计
2	单位地区生产总值能耗	吨标准煤 / 万元	逆	0.714	0.788	22	中国统计
3	非化石能源消费量占能源消费量的比重		正	NA	NA	NA	
4	单位地区生产总值二氧化碳排放量		逆	NA	NA	NA	
5	单位地区生产总值二氧化硫排放量	吨 / 万元	逆	0.002	0.002	22	中国统计
6	单位地区生产总值化学需氧量排放量	吨 / 万元	逆	0.001	0.002	18	中国统计
7	单位地区生产总值氮氧化物排放量	吨 / 万元	逆	0.002	0.003	21	中国统计
8	单位地区生产总值氨氮排放量	吨 / 万元	逆	0.000	0.000	22	中国统计
9	技术市场成交额占GDP的比重	%	正	0.016	0.009	13	中国统计
10	人均城镇生活消费用电	千瓦时 / 人	逆	436.409	288.009	12	城市
11	第一产业劳动生产率	万元 / 人	正	2.724	3.938	5	省（市、区）统计年鉴；统计公报等
12	土地产出率	亿元 / 千公顷	正	0.432	0.235	28	中国统计
13	节灌率	%	正	0.564	0.346	22	中国统计；环境年鉴
14	有效灌溉面积占耕地面积比重	%	正	0.537	0.381	19	中国统计；环境年鉴
15	第二产业劳动生产率	万元 / 人	正	34.949	11.350	24	省（市、区）统计年鉴；统计公报等
16	单位工业增加值水耗	立方米 / 元	逆	0.004	0.006	23	中国统计
17	规模以上单位工业增加值能耗		逆	NA	NA	NA	

续表

序号	指标名称	单位	指标属性	2017 年测评均值	2017 年黑龙江数值	2017 年黑龙江排名	2017 年数据来源
18	工业固体废物综合利用率	%	正	53.912	36.082	20	中国统计
19	工业用水重复利用率	%	正	88.956	80.289	29	环境年鉴
20	六大高载能行业产值占工业总产值比重	%	逆	36.669	29.739	11	工业经济
21	第三产业劳动生产率	万元 / 人	正	15.682	9.767	21	省（市、区）统计年鉴；统计公报等
22	第三产业增加值比重	%	正	50.383	55.820	5	中国统计
23	第三产业就业人员比重	%	正	41.037	45.413	6	省（市、区）统计年鉴；统计公报等
24	人均水资源量	立方米 / 人	正	2139.680	1957.100	13	中国统计
25	人均森林面积	公顷 / 人	正	0.198	0.518	3	中国统计
26	森林覆盖率	%	正	33.061	43.160	9	中国统计
27	自然保护区面积占辖区面积比重	%	正	8.720	16.700	4	中国统计；环境年鉴
28	湿地面积占国土面积的比重	%	正	9.228	11.310	4	中国统计
29	人均活立木总蓄积量	立方米 / 人	正	11.669	46.904	2	中国统计
30	单位土地面积二氧化碳排放量		逆	NA	NA	NA	
31	人均二氧化碳排放量		逆	NA	NA	NA	
32	单位土地面积二氧化硫排放量	吨 / 平方公里	逆	2.947	0.753	3	中国统计
33	人均二氧化硫排放量	吨 / 人	逆	0.008	0.008	19	中国统计
34	单位土地面积化学需氧量排放量	吨 / 平方公里	逆	4.257	0.636	3	中国统计
35	人均化学需氧量排放量	吨 / 人	逆	0.008	0.007	13	中国统计
36	单位土地面积氮氧化物排放量	吨 / 平方公里	逆	5.353	1.050	3	中国统计
37	人均氮氧化物排放量	吨 / 人	逆	0.010	0.011	21	中国统计

续表

序号	指标名称	单位	指标属性	2017 年测评均值	2017 年黑龙江数值	2017 年黑龙江排名	2017 年数据来源
38	单位土地面积氨氮排放量	吨 / 平方公里	逆	0.660	0.097	3	中国统计
39	人均氨氮排放量	吨 / 人	逆	0.001	0.001	18	中国统计
40	单位耕地面积化肥施用量	万吨 / 千公顷	逆	0.047	0.016	3	中国统计
41	单位耕地面积农药使用量	吨 / 千公顷	逆	14.931	5.252	6	中国统计；环境年鉴
42	人均公路交通氮氧化物排放量	吨 / 万人	逆	46.153	60.093	25	中国统计
43	环境保护支出占财政支出比重	%	正	3.099	4.163	4	中国统计
44	环境污染治理投资总额占地区生产总值比重	%	正	1.305	0.811	24	环境年鉴
45	农村人均改厕的政府投资	元 / 人	正	13.797	1.486	29	环境年鉴
46	单位耕地面积退耕还林投资完成额	万元 / 千公顷	正	19.400	1.648	29	中国统计；环境年鉴
47	科教文卫支出占财政支出比重	%	正	28.205	20.916	30	中国统计
48	城市人均绿地面积	公顷 / 人	正	0.004	0.003	17	中国统计
49	城市用水普及率	%	正	98.150	98.530	15	中国统计
50	城市污水处理率	%	正	89.895	88.360	19	环境年鉴
51	城市生活垃圾无害化处理率	%	正	96.730	82.700	29	中国统计
52	城市每万人拥有公交车辆	标台	正	14.222	14.090	15	中国统计
53	人均城市公共交通运营线路网长度	公里 / 人	正	0.001	0.001	16	中国统计
54	农村累计已改水受益人口占农村总人口比重	%	正	96.117	99.653	5	环境年鉴

续表

序号	指标名称	单位	指标属性	2017 年测评均值	2017 年黑龙江数值	2017 年黑龙江排名	2017 年数据来源
55	人均互联网宽带接入端口	个 / 人	正	0.567	0.511	19	中国统计
56	建成区绿化覆盖率	%	正	39.987	35.500	28	中国统计
57	人均当年新增造林面积	公顷 / 万人	正	72.570	25.722	20	中国统计
58	工业二氧化硫去除率	%	正	81.978	64.508	29	环境年鉴
59	工业废水化学需氧量去除率	%	正	80.808	87.213	11	环境年鉴
60	工业氮氧化物去除率	%	正	36.601	26.688	25	环境年鉴
61	工业废水氨氮去除率	%	正	76.455	92.083	1	环境年鉴
62	突发环境事件次数	次	逆	10	3	4	中国统计

年鉴说明：中国统计——《中国统计年鉴 2018》；城市——《中国城市统计年鉴 2018》；环境年鉴——《中国环境统计年鉴 2018》；工业经济——《中国工业经济统计年鉴 2018》。

上海绿色发展“体检”表

序号	指标名称	单位	指标属性	2017 年测评均值	2017 年上海数值	2017 年上海排名	2017 年数据来源
1	人均地区生产总值	元 / 人	正	61575.269	126634.932	2	中国统计
2	单位地区生产总值能耗	吨标准煤 / 万元	逆	0.714	0.387	4	中国统计
3	非化石能源消费量占能源消费量的比重		正	NA	NA	NA	
4	单位地区生产总值二氧化碳排放量		逆	NA	NA	NA	
5	单位地区生产总值二氧化硫排放量	吨 / 万元	逆	0.002	0.000	1	中国统计
6	单位地区生产总值化学需氧量排放量	吨 / 万元	逆	0.001	0.000	2	中国统计
7	单位地区生产总值氮氧化物排放量	吨 / 万元	逆	0.002	0.001	2	中国统计
8	单位地区生产总值氨氮排放量	吨 / 万元	逆	0.000	0.000	6	中国统计

续表

序号	指标名称	单位	指标属性	2017 年测评均值	2017 年上海数值	2017 年上海排名	2017 年数据来源
9	技术市场成交额占 GDP 的比重	%	正	0.016	0.026	5	中国统计
10	人均城镇生活消费用电	千瓦时 / 人	逆	436.409	1550.510	30	城市
11	第一产业劳动生产率	万元 / 人	正	2.724	2.521	15	省（市、区）统计年鉴；统计公报等
12	土地产出率	亿元 / 千公顷	正	0.432	0.514	7	中国统计
13	节灌率	%	正	0.564	0.766	6	中国统计；环境年鉴
14	有效灌溉面积占耕地面积比重	%	正	0.537	0.996	1	中国统计；环境年鉴
15	第二产业劳动生产率	万元 / 人	正	34.949	21.230	8	省（市、区）统计年鉴；统计公报等
16	单位工业增加值水耗	立方米 / 元	逆	0.004	0.007	27	中国统计
17	规模以上单位工业增加值能耗		逆	NA	NA	NA	
18	工业固体废物综合利用率	%	正	53.912	93.991	2	中国统计
19	工业用水重复利用率	%	正	88.956	90.367	15	环境年鉴
20	六大高载能行业产值占工业总产值比重	%	逆	36.669	21.362	3	工业经济
21	第三产业劳动生产率	万元 / 人	正	15.682	23.932	2	省（市、区）统计年鉴；统计公报等
22	第三产业增加值比重	%	正	50.383	69.179	2	中国统计
23	第三产业就业人员比重	%	正	41.037	65.545	2	省（市、区）统计年鉴；统计公报等
24	人均水资源量	立方米 / 人	正	2139.680	140.600	28	中国统计
25	人均森林面积	公顷 / 人	正	0.198	0.003	30	中国统计
26	森林覆盖率	%	正	33.061	10.740	27	中国统计
27	自然保护区面积占辖区面积比重	%	正	8.720	5.300	22	中国统计；环境年鉴
28	湿地面积占国土面积的比重	%	正	9.228	73.270	1	中国统计

续表

序号	指标名称	单位	指标属性	2017 年测评均值	2017 年上海数值	2017 年上海排名	2017 年数据来源
29	人均活立木总蓄积量	立方米 / 人	正	11.669	0.157	30	中国统计
30	单位土地面积二氧化碳排放量		逆	NA	NA	NA	
31	人均二氧化碳排放量		逆	NA	NA	NA	
32	单位土地面积二氧化硫排放量	吨 / 平方公里	逆	2.947	2.918	19	中国统计
33	人均二氧化硫排放量	吨 / 人	逆	0.008	0.001	1	中国统计
34	单位土地面积化学需氧量排放量	吨 / 平方公里	逆	4.257	22.366	30	中国统计
35	人均化学需氧量排放量	吨 / 人	逆	0.008	0.006	8	中国统计
36	单位土地面积氮氧化物排放量	吨 / 平方公里	逆	5.353	30.584	30	中国统计
37	人均氮氧化物排放量	吨 / 人	逆	0.010	0.008	15	中国统计
38	单位土地面积氨氮排放量	吨 / 平方公里	逆	0.660	5.836	30	中国统计
39	人均氨氮排放量	吨 / 人	逆	0.001	0.002	30	中国统计
40	单位耕地面积化肥施用量	万吨 / 千公顷	逆	0.047	0.046	17	中国统计
41	单位耕地面积农药使用量	吨 / 千公顷	逆	14.931	18.387	22	中国统计；环境年鉴
42	人均公路交通氮氧化物排放量	吨 / 万人	逆	46.153	34.314	11	中国统计
43	环境保护支出占财政支出比重	%	正	3.099	2.977	15	中国统计
44	环境污染治理投资总额占地区生产总值比重	%	正	1.305	0.532	28	环境年鉴
45	农村人均改厕的政府投资	元 / 人	正	13.797	2.640	26	环境年鉴
46	单位耕地面积退耕还林投资完成额	万元 / 千公顷	正	19.400	5.757	21	中国统计；环境年鉴

续表

序号	指标名称	单位	指标属性	2017年测评均值	2017年上海数值	2017年上海排名	2017年数据来源
47	科教文卫支出占财政支出比重	%	正	28.205	24.743	22	中国统计
48	城市人均绿地面积	公顷 / 人	正	0.004	0.006	2	中国统计
49	城市用水普及率	%	正	98.150	100.000	1	中国统计
50	城市污水处理率	%	正	89.895	94.500	5	环境年鉴
51	城市生活垃圾无害化处理率	%	正	96.730	100.000	1	中国统计
52	城市每万人拥有公交车辆	标台	正	14.222	13.940	16	中国统计
53	人均城市公共交通运营线路网长度	公里 / 人	正	0.001	0.002	4	中国统计
54	农村累计已改水受益人口占农村总人口比重	%	正	96.117	99.989	4	环境年鉴
55	人均互联网宽带接入端口	个 / 人	正	0.567	0.748	4	中国统计
56	建成区绿化覆盖率	%	正	39.987	39.100	21	中国统计
57	人均当年新增造林面积	公顷 / 万人	正	72.570	1.108	30	中国统计
58	工业二氧化硫去除率	%	正	81.978	79.600	22	环境年鉴
59	工业废水化学需氧量去除率	%	正	80.808	91.900	2	环境年鉴
60	工业氮氧化物去除率	%	正	36.601	48.043	3	环境年鉴
61	工业废水氨氮去除率	%	正	76.455	83.828	13	环境年鉴
62	突发环境事件次数	次	逆	10	3	4	中国统计

年鉴说明：中国统计——《中国统计年鉴 2018》；城市——《中国城市统计年鉴 2018》；环境年鉴——《中国环境统计年鉴 2018》；工业经济——《中国工业经济统计年鉴 2018》。

江苏绿色发展“体检”表

序号	指标名称	单位	指标属性	2017 年测评均值	2017 年江苏数值	2017 年江苏排名	2017 年数据来源
1	人均地区生产总值	元 / 人	正	61575.269	107149.688	4	中国统计
2	单位地区生产总值能耗	吨标准煤 / 万元	逆	0.714	0.366	3	中国统计
3	非化石能源消费量占能源消费量的比重		正	NA	NA	NA	
4	单位地区生产总值二氧化碳排放量		逆	NA	NA	NA	
5	单位地区生产总值二氧化硫排放量	吨 / 万元	逆	0.002	0.000	8	中国统计
6	单位地区生产总值化学需氧量排放量	吨 / 万元	逆	0.001	0.001	6	中国统计
7	单位地区生产总值氮氧化物排放量	吨 / 万元	逆	0.002	0.001	8	中国统计
8	单位地区生产总值氨氮排放量	吨 / 万元	逆	0.000	0.000	4	中国统计
9	技术市场成交额占 GDP 的比重	%	正	0.016	0.009	14	中国统计
10	人均城镇生活消费用电	千瓦时 / 人	逆	436.409	437.038	21	城市
11	第一产业劳动生产率	万元 / 人	正	2.724	4.930	2	省（市、区）统计年鉴；统计公报等
12	土地产出率	亿元 / 千公顷	正	0.432	0.498	8	中国统计
13	节灌率	%	正	0.564	0.638	12	中国统计；环境年鉴
14	有效灌溉面积占耕地面积比重	%	正	0.537	0.903	3	中国统计；环境年鉴
15	第二产业劳动生产率	万元 / 人	正	34.949	18.919	9	省（市、区）统计年鉴；统计公报等
16	单位工业增加值水耗	立方米 / 元	逆	0.004	0.007	26	中国统计
17	规模以上单位工业增加值能耗		逆	NA	NA	NA	
18	工业固体废物综合利用率	%	正	53.912	91.966	4	中国统计

续表

序号	指标名称	单位	指标属性	2017 年测评均值	2017 年江苏数值	2017 年江苏排名	2017 年数据来源
19	工业用水重复利用率	%	正	88.956	86.797	22	环境年鉴
20	六大高载能行业产值占工业总产值比重	%	逆	36.669	27.193	9	工业经济
21	第三产业劳动生产率	万元 / 人	正	15.682	22.801	3	省（市、区）统计年鉴；统计公报等
22	第三产业增加值比重	%	正	50.383	50.273	11	中国统计
23	第三产业就业人员比重	%	正	41.037	40.300	16	省（市、区）统计年鉴；统计公报等
24	人均水资源量	立方米 / 人	正	2139.680	490.300	21	中国统计
25	人均森林面积	公顷 / 人	正	0.198	0.020	28	中国统计
26	森林覆盖率	%	正	33.061	15.800	24	中国统计
27	自然保护区面积占辖区面积比重	%	正	8.720	3.800	26	中国统计；环境年鉴
28	湿地面积占国土面积的比重	%	正	9.228	27.510	2	中国统计
29	人均活立木总蓄积量	立方米 / 人	正	11.669	1.054	27	中国统计
30	单位土地面积二氧化碳排放量		逆	NA	NA	NA	
31	人均二氧化碳排放量		逆	NA	NA	NA	
32	单位土地面积二氧化硫排放量	吨 / 平方公里	逆	2.947	3.879	25	中国统计
33	人均二氧化硫排放量	吨 / 人	逆	0.008	0.005	15	中国统计
34	单位土地面积化学需氧量排放量	吨 / 平方公里	逆	4.257	7.029	26	中国统计
35	人均化学需氧量排放量	吨 / 人	逆	0.008	0.009	25	中国统计
36	单位土地面积氮氧化物排放量	吨 / 平方公里	逆	5.353	8.569	25	中国统计
37	人均氮氧化物排放量	吨 / 人	逆	0.010	0.011	22	中国统计
38	单位土地面积氨氮排放量	吨 / 平方公里	逆	0.660	0.956	26	中国统计
39	人均氨氮排放量	吨 / 人	逆	0.001	0.001	27	中国统计

续表

序号	指标名称	单位	指标属性	2017 年测评均值	2017 年江苏数值	2017 年江苏排名	2017 年数据来源
40	单位耕地面积化肥施用量	万吨 / 千公顷	逆	0.047	0.066	26	中国统计
41	单位耕地面积农药使用量	吨 / 千公顷	逆	14.931	15.999	19	中国统计；环境年鉴
42	人均公路交通氮氧化物排放量	吨 / 万人	逆	46.153	38.059	15	中国统计
43	环境保护支出占财政支出比重	%	正	3.099	2.750	19	中国统计
44	环境污染治理投资总额占地区生产总值比重	%	正	1.305	0.833	23	环境年鉴
45	农村人均改厕的政府投资	元 / 人	正	13.797	2.965	25	环境年鉴
46	单位耕地面积退耕还林投资完成额	万元 / 千公顷	正	19.400	6.570	18	中国统计；环境年鉴
47	科教文卫支出占财政支出比重	%	正	28.205	31.932	5	中国统计
48	城市人均绿地面积	公顷 / 人	正	0.004	0.005	5	中国统计
49	城市用水普及率	%	正	98.150	99.980	5	中国统计
50	城市污水处理率	%	正	89.895	86.270	26	环境年鉴
51	城市生活垃圾无害化处理率	%	正	96.730	100.000	1	中国统计
52	城市每万人拥有公交车辆	标台	正	14.222	17.420	3	中国统计
53	人均城市公共交通运营线路网长度	公里 / 人	正	0.001	0.001	10	中国统计
54	农村累计已改水受益人口占农村总人口比重	%	正	96.117	99.046	11	环境年鉴
55	人均互联网宽带接入端口	个 / 人	正	0.567	0.815	3	中国统计
56	建成区绿化覆盖率	%	正	39.987	43.000	5	中国统计

续表

序号	指标名称	单位	指标属性	2017 年测评均值	2017 年江苏数值	2017 年江苏排名	2017 年数据来源
57	人均当年新增造林面积	公顷 / 万人	正	72.570	4.564	29	中国统计
58	工业二氧化硫去除率	%	正	81.978	83.107	17	环境年鉴
59	工业废水化学需氧量去除率	%	正	80.808	88.644	8	环境年鉴
60	工业氮氧化物去除率	%	正	36.601	41.534	8	环境年鉴
61	工业废水氨氮去除率	%	正	76.455	81.459	17	环境年鉴
62	突发环境事件次数	次	逆	10	8	14	中国统计

年鉴说明：中国统计——《中国统计年鉴 2018》；城市——《中国城市统计年鉴 2018》；环境年鉴——《中国环境统计年鉴 2018》；工业经济——《中国工业经济统计年鉴 2018》。

浙江绿色发展“体检”表

序号	指标名称	单位	指标属性	2017 年测评均值	2017 年浙江数值	2017 年浙江排名	2017 年数据来源
1	人均地区生产总值	元 / 人	正	61575.269	92057.011	5	中国统计
2	单位地区生产总值能耗	吨标准煤 / 万元	逆	0.714	0.406	6	中国统计
3	非化石能源消费量占能源消费量的比重		正	NA	NA	NA	
4	单位地区生产总值二氧化碳排放量		逆	NA	NA	NA	
5	单位地区生产总值二氧化硫排放量	吨 / 万元	逆	0.002	0.000	6	中国统计
6	单位地区生产总值化学需氧量排放量	吨 / 万元	逆	0.001	0.001	5	中国统计
7	单位地区生产总值氮氧化物排放量	吨 / 万元	逆	0.002	0.001	4	中国统计
8	单位地区生产总值氨氮排放量	吨 / 万元	逆	0.000	0.000	8	中国统计
9	技术市场成交额占 GDP 的比重	%	正	0.016	0.006	16	中国统计
10	人均城镇生活消费用电	千瓦时 / 人	逆	436.409	604.105	25	城市

续表

序号	指标名称	单位	指标属性	2017 年测评均值	2017 年浙江数值	2017 年浙江排名	2017 年数据来源
11	第一产业劳动生产率	万元 / 人	正	2.724	4.231	3	省（市、区）统计年鉴；统计公报等
12	土地产出率	亿元 / 千公顷	正	0.432	0.754	4	中国统计
13	节灌率	%	正	0.564	0.761	8	中国统计；环境年鉴
14	有效灌溉面积占耕地面积比重	%	正	0.537	0.731	7	中国统计；环境年鉴
15	第二产业劳动生产率	万元 / 人	正	34.949	12.572	23	省（市、区）统计年鉴；统计公报等
16	单位工业增加值水耗	立方米 / 元	逆	0.004	0.002	7	中国统计
17	规模以上单位工业增加值能耗		逆	NA	NA	NA	
18	工业固体废物综合利用率	%	正	53.912	93.661	3	中国统计
19	工业用水重复利用率	%	正	88.956	78.229	30	环境年鉴
20	六大高载能行业产值占工业总产值比重	%	逆	36.669	26.051	7	工业经济
21	第三产业劳动生产率	万元 / 人	正	15.682	17.779	7	省（市、区）统计年鉴；统计公报等
22	第三产业增加值比重	%	正	50.383	53.319	8	中国统计
23	第三产业就业人员比重	%	正	41.037	41.979	13	省（市、区）统计年鉴；统计公报等
24	人均水资源量	立方米 / 人	正	2139.680	1592.100	15	中国统计
25	人均森林面积	公顷 / 人	正	0.198	0.106	18	中国统计
26	森林覆盖率	%	正	33.061	59.070	3	中国统计
27	自然保护区面积占辖区面积比重	%	正	8.720	1.700	30	中国统计；环境年鉴
28	湿地面积占国土面积的比重	%	正	9.228	10.910	7	中国统计
29	人均活立木总蓄积量	立方米 / 人	正	11.669	4.282	19	中国统计
30	单位土地面积二氧化碳排放量		逆	NA	NA	NA	

续表

序号	指标名称	单位	指标属性	2017年测评均值	2017年浙江数值	2017年浙江排名	2017年数据来源
31	人均二氧化碳排放量		逆	NA	NA	NA	
32	单位土地面积二氧化硫排放量	吨/平方公里	逆	2.947	1.824	15	中国统计
33	人均二氧化硫排放量	吨/人	逆	0.008	0.003	7	中国统计
34	单位土地面积化学需氧量排放量	吨/平方公里	逆	4.257	4.008	23	中国统计
35	人均化学需氧量排放量	吨/人	逆	0.008	0.007	15	中国统计
36	单位土地面积氮氧化物排放量	吨/平方公里	逆	5.353	4.136	21	中国统计
37	人均氮氧化物排放量	吨/人	逆	0.010	0.008	12	中国统计
38	单位土地面积氨氮排放量	吨/平方公里	逆	0.660	0.639	24	中国统计
39	人均氨氮排放量	吨/人	逆	0.001	0.001	22	中国统计
40	单位耕地面积化肥施用量	万吨/千公顷	逆	0.047	0.042	15	中国统计
41	单位耕地面积农药使用量	吨/千公顷	逆	14.931	23.420	25	中国统计；环境年鉴
42	人均公路交通氮氧化物排放量	吨/万人	逆	46.153	25.785	4	中国统计
43	环境保护支出占财政支出比重	%	正	3.099	2.525	23	中国统计
44	环境污染治理投资总额占地区生产总值比重	%	正	1.305	0.875	20	环境年鉴
45	农村人均改厕的政府投资	元/人	正	13.797	11.043	14	环境年鉴
46	单位耕地面积退耕还林投资完成额	万元/千公顷	正	19.400	7.536	17	中国统计；环境年鉴
47	科教文卫支出占财政支出比重	%	正	28.205	32.900	3	中国统计
48	城市人均绿地面积	公顷/人	正	0.004	0.004	8	中国统计

续表

序号	指标名称	单位	指标属性	2017 年测评均值	2017 年浙江数值	2017 年浙江排名	2017 年数据来源
49	城市用水普及率	%	正	98.150	100.000	1	中国统计
50	城市污水处理率	%	正	89.895	93.600	9	环境年鉴
51	城市生活垃圾无害化处理率	%	正	96.730	100.000	1	中国统计
52	城市每万人拥有公交车辆	标台	正	14.222	16.930	4	中国统计
53	人均城市公共交通运营线路网长度	公里 / 人	正	0.001	0.002	5	中国统计
54	农村累计已改水受益人口占农村总人口比重	%	正	96.117	99.207	9	环境年鉴
55	人均互联网宽带接入端口	个 / 人	正	0.567	0.970	1	中国统计
56	建成区绿化覆盖率	%	正	39.987	40.400	12	中国统计
57	人均当年新增造林面积	公顷 / 万人	正	72.570	7.834	28	中国统计
58	工业二氧化硫去除率	%	正	81.978	87.452	10	环境年鉴
59	工业废水化学需氧量去除率	%	正	80.808	90.119	6	环境年鉴
60	工业氮氧化物去除率	%	正	36.601	30.557	23	环境年鉴
61	工业废水氨氮去除率	%	正	76.455	82.950	16	环境年鉴
62	突发环境事件次数	次	逆	10	13	22	中国统计

年鉴说明：中国统计——《中国统计年鉴 2018》；城市——《中国城市统计年鉴 2018》；环境年鉴——《中国环境统计年鉴 2018》；工业经济——《中国工业经济统计年鉴 2018》。

安徽绿色发展“体检”表

序号	指标名称	单位	指标属性	2017 年测评均值	2017 年安徽数值	2017 年安徽排名	2017 年数据来源
1	人均地区生产总值	元 / 人	正	61575.269	43398.924	24	中国统计
2	单位地区生产总值能耗	吨标准煤 / 万元	逆	0.714	0.483	11	中国统计
3	非化石能源消费量占能源消费量的比重		正	NA	NA	NA	
4	单位地区生产总值二氧化碳排放量		逆	NA	NA	NA	
5	单位地区生产总值二氧化硫排放量	吨 / 万元	逆	0.002	0.001	12	中国统计
6	单位地区生产总值化学需氧量排放量	吨 / 万元	逆	0.001	0.002	24	中国统计
7	单位地区生产总值氮氧化物排放量	吨 / 万元	逆	0.002	0.002	19	中国统计
8	单位地区生产总值氨氮排放量	吨 / 万元	逆	0.000	0.000	20	中国统计
9	技术市场成交额占 GDP 的比重	%	正	0.016	0.009	12	中国统计
10	人均城镇生活消费用电	千瓦时 / 人	逆	436.409	200.065	3	城市
11	第一产业劳动生产率	万元 / 人	正	2.724	1.880	25	省（市、区）统计年鉴；统计公报等
12	土地产出率	亿元 / 千公顷	正	0.432	0.257	26	中国统计
13	节灌率	%	正	0.564	0.217	27	中国统计；环境年鉴
14	有效灌溉面积占耕地面积比重	%	正	0.537	0.768	5	中国统计；环境年鉴
15	第二产业劳动生产率	万元 / 人	正	34.949	10.250	29	省（市、区）统计年鉴；统计公报等
16	单位工业增加值水耗	立方米 / 元	逆	0.004	0.008	30	中国统计
17	规模以上单位工业增加值能耗		逆	NA	NA	NA	
18	工业固体废物综合利用率	%	正	53.912	85.071	5	中国统计

续表

序号	指标名称	单位	指标属性	2017 年测评均值	2017 年安徽数值	2017 年安徽排名	2017 年数据来源
19	工业用水重复利用率	%	正	88.956	92.906	7	环境年鉴
20	六大高载能行业产值占工业总产值比重	%	逆	36.669	25.861	6	工业经济
21	第三产业劳动生产率	万元 / 人	正	15.682	6.650	30	省（市、区）统计年鉴；统计公报等
22	第三产业增加值比重	%	正	50.383	42.925	28	中国统计
23	第三产业就业人员比重	%	正	41.037	40.090	17	省（市、区）统计年鉴；统计公报等
24	人均水资源量	立方米 / 人	正	2139.680	1260.800	17	中国统计
25	人均森林面积	公顷 / 人	正	0.198	0.061	23	中国统计
26	森林覆盖率	%	正	33.061	27.530	18	中国统计
27	自然保护区面积占辖区面积比重	%	正	8.720	3.600	28	中国统计；环境年鉴
28	湿地面积占国土面积的比重	%	正	9.228	7.460	12	中国统计
29	人均活立木总蓄积量	立方米 / 人	正	11.669	3.471	20	中国统计
30	单位土地面积二氧化碳排放量		逆	NA	NA	NA	
31	人均二氧化碳排放量		逆	NA	NA	NA	
32	单位土地面积二氧化硫排放量	吨 / 平方公里	逆	2.947	1.682	13	中国统计
33	人均二氧化硫排放量	吨 / 人	逆	0.008	0.004	12	中国统计
34	单位土地面积化学需氧量排放量	吨 / 平方公里	逆	4.257	3.542	22	中国统计
35	人均化学需氧量排放量	吨 / 人	逆	0.008	0.008	17	中国统计
36	单位土地面积氮氧化物排放量	吨 / 平方公里	逆	5.353	3.501	17	中国统计
37	人均氮氧化物排放量	吨 / 人	逆	0.010	0.008	14	中国统计
38	单位土地面积氨氮排放量	吨 / 平方公里	逆	0.660	0.412	17	中国统计
39	人均氨氮排放量	吨 / 人	逆	0.001	0.001	11	中国统计

续表

序号	指标名称	单位	指标属性	2017 年测评均值	2017 年安徽数值	2017 年安徽排名	2017 年数据来源
40	单位耕地面积化肥施用量	万吨 / 千公顷	逆	0.047	0.054	20	中国统计
41	单位耕地面积农药使用量	吨 / 千公顷	逆	14.931	16.942	21	中国统计；环境年鉴
42	人均公路交通氮氧化物排放量	吨 / 万人	逆	46.153	35.179	12	中国统计
43	环境保护支出占财政支出比重	%	正	3.099	3.202	10	中国统计
44	环境污染治理投资总额占地区生产总值比重	%	正	1.305	1.835	6	环境年鉴
45	农村人均改厕的政府投资	元 / 人	正	13.797	17.718	7	环境年鉴
46	单位耕地面积退耕还林投资完成额	万元 / 千公顷	正	19.400	6.123	19	中国统计；环境年鉴
47	科教文卫支出占财政支出比重	%	正	28.205	31.497	8	中国统计
48	城市人均绿地面积	公顷 / 人	正	0.004	0.003	16	中国统计
49	城市用水普及率	%	正	98.150	99.430	8	中国统计
50	城市污水处理率	%	正	89.895	94.140	6	环境年鉴
51	城市生活垃圾无害化处理率	%	正	96.730	99.900	6	中国统计
52	城市每万人拥有公交车辆	标台	正	14.222	13.610	17	中国统计
53	人均城市公共交通运营线路网长度	公里 / 人	正	0.001	0.000	29	中国统计
54	农村累计已改水受益人口占农村总人口比重	%	正	96.117	93.780	22	环境年鉴
55	人均互联网宽带接入端口	个 / 人	正	0.567	0.461	23	中国统计
56	建成区绿化覆盖率	%	正	39.987	42.200	6	中国统计

续表

序号	指标名称	单位	指标属性	2017 年测评均值	2017 年安徽数值	2017 年安徽排名	2017 年数据来源
57	人均当年新增造林面积	公顷 / 万人	正	72.570	23.279	22	中国统计
58	工业二氧化硫去除率	%	正	81.978	92.924	1	环境年鉴
59	工业废水化学需氧量去除率	%	正	80.808	87.343	10	环境年鉴
60	工业氮氧化物去除率	%	正	36.601	39.720	11	环境年鉴
61	工业废水氨氮去除率	%	正	76.455	84.846	12	环境年鉴
62	突发环境事件次数	次	逆	10	4	8	中国统计

年鉴说明：中国统计——《中国统计年鉴 2018》；城市——《中国城市统计年鉴 2018》；环境年鉴——《中国环境统计年鉴 2018》；工业经济——《中国工业经济统计年鉴 2018》。

福建绿色发展“体检”表

序号	指标名称	单位	指标属性	2017 年测评均值	2017 年福建数值	2017 年福建排名	2017 年数据来源
1	人均地区生产总值	元 / 人	正	61575.269	82677.174	6	中国统计
2	单位地区生产总值能耗	吨标准煤 / 万元	逆	0.714	0.401	5	中国统计
3	非化石能源消费量占能源消费量的比重		正	NA	NA	NA	
4	单位地区生产总值二氧化碳排放量		逆	NA	NA	NA	
5	单位地区生产总值二氧化硫排放量	吨 / 万元	逆	0.002	0.000	7	中国统计
6	单位地区生产总值化学需氧量排放量	吨 / 万元	逆	0.001	0.001	13	中国统计
7	单位地区生产总值氮氧化物排放量	吨 / 万元	逆	0.002	0.001	5	中国统计
8	单位地区生产总值氨氮排放量	吨 / 万元	逆	0.000	0.000	12	中国统计
9	技术市场成交额占 GDP 的比重	%	正	0.016	0.002	24	中国统计
10	人均城镇生活消费用电	千瓦时 / 人	逆	436.409	538.174	24	城市

续表

序号	指标名称	单位	指标属性	2017年测评均值	2017年福建数值	2017年福建排名	2017年数据来源
11	第一产业劳动生产率	万元/人	正	2.724	3.617	6	省（市、区）统计年鉴；统计公报等
12	土地产出率	亿元/千公顷	正	0.432	0.986	3	中国统计
13	节灌率	%	正	0.564	0.618	14	中国统计；环境年鉴
14	有效灌溉面积占耕地面积比重	%	正	0.537	0.796	4	中国统计；环境年鉴
15	第二产业劳动生产率	万元/人	正	34.949	15.331	18	省（市、区）统计年鉴；统计公报等
16	单位工业增加值水耗	立方米/元	逆	0.004	0.005	18	中国统计
17	规模以上单位工业增加值能耗		逆	NA	NA	NA	
18	工业固体废物综合利用率	%	正	53.912	59.625	12	中国统计
19	工业用水重复利用率	%	正	88.956	88.245	19	环境年鉴
20	六大高载能行业产值占工业总产值比重	%	逆	36.669	25.428	5	工业经济
21	第三产业劳动生产率	万元/人	正	15.682	12.306	12	省（市、区）统计年鉴；统计公报等
22	第三产业增加值比重	%	正	50.383	45.406	23	中国统计
23	第三产业就业人员比重	%	正	41.037	42.754	11	省（市、区）统计年鉴；统计公报等
24	人均水资源量	立方米/人	正	2139.680	2711.900	10	中国统计
25	人均森林面积	公顷/人	正	0.198	0.205	11	中国统计
26	森林覆盖率	%	正	33.061	65.950	1	中国统计
27	自然保护区面积占辖区面积比重	%	正	8.720	3.200	29	中国统计；环境年鉴
28	湿地面积占国土面积的比重	%	正	9.228	7.180	13	中国统计
29	人均活立木总蓄积量	立方米/人	正	11.669	17.048	6	中国统计
30	单位土地面积二氧化碳排放量		逆	NA	NA	NA	

续表

序号	指标名称	单位	指标属性	2017 年测评均值	2017 年福建数值	2017 年福建排名	2017 年数据来源
31	人均二氧化碳排放量		逆	NA	NA	NA	
32	单位土地面积二氧化硫排放量	吨 / 平方公里	逆	2.947	1.076	5	中国统计
33	人均二氧化硫排放量	吨 / 人	逆	0.008	0.003	8	中国统计
34	单位土地面积化学需氧量排放量	吨 / 平方公里	逆	4.257	3.174	18	中国统计
35	人均化学需氧量排放量	吨 / 人	逆	0.008	0.010	28	中国统计
36	单位土地面积氮氧化物排放量	吨 / 平方公里	逆	5.353	2.228	10	中国统计
37	人均氮氧化物排放量	吨 / 人	逆	0.010	0.007	10	中国统计
38	单位土地面积氨氮排放量	吨 / 平方公里	逆	0.660	0.432	21	中国统计
39	人均氨氮排放量	吨 / 人	逆	0.001	0.001	28	中国统计
40	单位耕地面积化肥施用量	万吨 / 千公顷	逆	0.047	0.087	28	中国统计
41	单位耕地面积农药使用量	吨 / 千公顷	逆	14.931	39.021	28	中国统计；环境年鉴
42	人均公路交通氮氧化物排放量	吨 / 万人	逆	46.153	24.663	2	中国统计
43	环境保护支出占财政支出比重	%	正	3.099	2.576	21	中国统计
44	环境污染治理投资总额占地区生产总值比重	%	正	1.305	0.695	25	环境年鉴
45	农村人均改厕的政府投资	元 / 人	正	13.797	12.394	12	环境年鉴
46	单位耕地面积退耕还林投资完成额	万元 / 千公顷	正	19.400	5.757	21	中国统计；环境年鉴
47	科教文卫支出占财政支出比重	%	正	28.205	30.943	10	中国统计
48	城市人均绿地面积	公顷 / 人	正	0.004	0.003	21	中国统计

续表

序号	指标名称	单位	指标属性	2017 年测评均值	2017 年福建数值	2017 年福建排名	2017 年数据来源
49	城市用水普及率	%	正	98.150	99.560	7	中国统计
50	城市污水处理率	%	正	89.895	87.220	24	环境年鉴
51	城市生活垃圾无害化处理率	%	正	96.730	99.400	13	中国统计
52	城市每万人拥有公交车辆	标台	正	14.222	15.850	6	中国统计
53	人均城市公共交通运营线路网长度	公里 / 人	正	0.002	0.001	13	中国统计
54	农村累计已改水受益人口占农村总人口比重	%	正	96.117	98.702	14	环境年鉴
55	人均互联网宽带接入端口	个 / 人	正	0.567	0.735	5	中国统计
56	建成区绿化覆盖率	%	正	39.987	43.700	3	中国统计
57	人均当年新增造林面积	公顷 / 万人	正	72.570	60.009	16	中国统计
58	工业二氧化硫去除率	%	正	81.978	75.129	25	环境年鉴
59	工业废水化学需氧量去除率	%	正	80.808	90.363	5	环境年鉴
60	工业氮氧化物去除率	%	正	36.601	37.354	17	环境年鉴
61	工业废水氨氮去除率	%	正	76.455	86.738	10	环境年鉴
62	突发环境事件次数	次	逆	10	15	23	中国统计

年鉴说明：中国统计——《中国统计年鉴 2018》；城市——《中国城市统计年鉴 2018》；环境年鉴——《中国环境统计年鉴 2018》；工业经济——《中国工业经济统计年鉴 2018》。

江西绿色发展“体检”表

序号	指标名称	单位	指标属性	2017 年测评均值	2017 年江西数值	2017 年江西排名	2017 年数据来源
1	人均地区生产总值	元 / 人	正	61575.269	43425.895	23	中国统计
2	单位地区生产总值能耗	吨标准煤 / 万元	逆	0.714	0.450	8	中国统计
3	非化石能源消费量占能源消费量的比重		正	NA	NA	NA	
4	单位地区生产总值二氧化碳排放量		逆	NA	NA	NA	
5	单位地区生产总值二氧化硫排放量	吨 / 万元	逆	0.002	0.001	16	中国统计
6	单位地区生产总值化学需氧量排放量	吨 / 万元	逆	0.001	0.003	29	中国统计
7	单位地区生产总值氮氧化物排放量	吨 / 万元	逆	0.002	0.002	18	中国统计
8	单位地区生产总值氨氮排放量	吨 / 万元	逆	0.000	0.000	29	中国统计
9	技术市场成交额占 GDP 的比重	%	正	0.016	0.005	21	中国统计
10	人均城镇生活消费用电	千瓦时 / 人	逆	436.409	258.348	8	城市
11	第一产业劳动生产率	万元 / 人	正	2.724	2.405	17	省（市、区）统计年鉴；统计公报等
12	土地产出率	亿元 / 千公顷	正	0.432	0.264	25	中国统计
13	节灌率	%	正	0.564	0.267	26	中国统计；环境年鉴
14	有效灌溉面积占耕地面积比重	%	正	0.537	0.661	12	中国统计；环境年鉴
15	第二产业劳动生产率	万元 / 人	正	34.949	11.209	25	省（市、区）统计年鉴；统计公报等
16	单位工业增加值水耗	立方米 / 元	逆	0.004	0.008	28	中国统计
17	规模以上单位工业增加值能耗		逆	NA	NA	NA	
18	工业固体废物综合利用率	%	正	53.912	23.867	30	中国统计

续表

序号	指标名称	单位	指标属性	2017 年测评均值	2017 年江西数值	2017 年江西排名	2017 年数据来源
19	工业用水重复利用率	%	正	88.956	81.554	27	环境年鉴
20	六大高载能行业产值占工业总产值比重	%	逆	36.669	36.650	18	工业经济
21	第三产业劳动生产率	万元 / 人	正	15.682	8.380	28	省（市、区）统计年鉴；统计公报等
22	第三产业增加值比重	%	正	50.383	42.702	29	中国统计
23	第三产业就业人员比重	%	正	41.037	38.868	19	省（市、区）统计年鉴；统计公报等
24	人均水资源量	立方米 / 人	正	2139.680	3592.500	6	中国统计
25	人均森林面积	公顷 / 人	正	0.198	0.217	9	中国统计
26	森林覆盖率	%	正	33.061	60.010	2	中国统计
27	自然保护区面积占辖区面积比重	%	正	8.720	7.300	13	中国统计；环境年鉴
28	湿地面积占国土面积的比重	%	正	9.228	5.450	14	中国统计
29	人均活立木总蓄积量	立方米 / 人	正	11.669	10.176	11	中国统计
30	单位土地面积二氧化碳排放量		逆	NA	NA	NA	
31	人均二氧化碳排放量		逆	NA	NA	NA	
32	单位土地面积二氧化硫排放量	吨 / 平方公里	逆	2.947	1.288	9	中国统计
33	人均二氧化硫排放量	吨 / 人	逆	0.008	0.005	13	中国统计
34	单位土地面积化学需氧量排放量	吨 / 平方公里	逆	4.257	3.105	17	中国统计
35	人均化学需氧量排放量	吨 / 人	逆	0.008	0.011	29	中国统计
36	单位土地面积氮氧化物排放量	吨 / 平方公里	逆	5.353	2.124	9	中国统计
37	人均氮氧化物排放量	吨 / 人	逆	0.010	0.008	13	中国统计
38	单位土地面积氨氮排放量	吨 / 平方公里	逆	0.660	0.345	12	中国统计
39	人均氨氮排放量	吨 / 人	逆	0.001	0.001	26	中国统计

续表

序号	指标名称	单位	指标属性	2017 年测评均值	2017 年江西数值	2017 年江西排名	2017 年数据来源
40	单位耕地面积化肥施用量	万吨 / 千公顷	逆	0.047	0.044	16	中国统计
41	单位耕地面积农药使用量	吨 / 千公顷	逆	14.931	28.431	27	中国统计；环境年鉴
42	人均公路交通氮氧化物排放量	吨 / 万人	逆	46.153	45.364	19	中国统计
43	环境保护支出占财政支出比重	%	正	3.099	2.805	18	中国统计
44	环境污染治理投资总额占地区生产总值比重	%	正	1.305	1.515	10	环境年鉴
45	农村人均改厕的政府投资	元 / 人	正	13.797	15.381	9	环境年鉴
46	单位耕地面积退耕还林投资完成额	万元 / 千公顷	正	19.400	8.376	16	中国统计；环境年鉴
47	科教文卫支出占财政支出比重	%	正	28.205	31.848	6	中国统计
48	城市人均绿地面积	公顷 / 人	正	0.004	0.003	23	中国统计
49	城市用水普及率	%	正	98.150	98.110	18	中国统计
50	城市污水处理率	%	正	89.895	85.220	27	环境年鉴
51	城市生活垃圾无害化处理率	%	正	96.730	97.600	22	中国统计
52	城市每万人拥有公交车辆	标台	正	14.222	12.550	21	中国统计
53	人均城市公共交通运营线路网长度	公里 / 人	正	0.001	0.000	21	中国统计
54	农村累计已改水受益人口占农村总人口比重	%	正	96.117	99.602	6	环境年鉴
55	人均互联网宽带接入端口	个 / 人	正	0.567	0.431	26	中国统计
56	建成区绿化覆盖率	%	正	39.987	45.200	2	中国统计

续表

序号	指标名称	单位	指标属性	2017 年测评均值	2017 年江西数值	2017 年江西排名	2017 年数据来源
57	人均当年新增造林面积	公顷 / 万人	正	72.570	61.300	15	中国统计
58	工业二氧化硫去除率	%	正	81.978	89.740	5	环境年鉴
59	工业废水化学需氧量去除率	%	正	80.808	79.520	19	环境年鉴
60	工业氮氧化物去除率	%	正	36.601	34.049	20	环境年鉴
61	工业废水氨氮去除率	%	正	76.455	62.084	24	环境年鉴
62	突发环境事件次数	次	逆	10	6	13	中国统计

年鉴说明：中国统计——《中国统计年鉴 2018》；城市——《中国城市统计年鉴 2018》；环境年鉴——《中国环境统计年鉴 2018》；工业经济——《中国工业经济统计年鉴 2018》。

山东绿色发展“体检”表

序号	指标名称	单位	指标属性	2017 年测评均值	2017 年山东数值	2017 年山东排名	2017 年数据来源
1	人均地区生产总值	元 / 人	正	61575.269	72805.242	8	中国统计
2	单位地区生产总值能耗	吨标准煤 / 万元	逆	0.714	0.533	15	中国统计
3	非化石能源消费量占能源消费量的比重		正	NA	NA	NA	
4	单位地区生产总值二氧化碳排放量		逆	NA	NA	NA	
5	单位地区生产总值二氧化硫排放量	吨 / 万元	逆	0.002	0.001	14	中国统计
6	单位地区生产总值化学需氧量排放量	吨 / 万元	逆	0.001	0.001	4	中国统计
7	单位地区生产总值氮氧化物排放量	吨 / 万元	逆	0.002	0.002	15	中国统计
8	单位地区生产总值氨氮排放量	吨 / 万元	逆	0.000	0.000	3	中国统计
9	技术市场成交额占 GDP 的比重	%	正	0.016	0.007	15	中国统计

续表

序号	指标名称	单位	指标属性	2017 年测评均值	2017 年山东数值	2017 年山东排名	2017 年数据来源
10	人均城镇生活消费用电	千瓦时 / 人	逆	436.409	317.267	15	城市
11	第一产业劳动生产率	万元 / 人	正	2.724	2.549	14	省（市、区）统计年鉴；统计公报等
12	土地产出率	亿元 / 千公顷	正	0.432	0.396	12	中国统计
13	节灌率	%	正	0.564	0.619	13	中国统计；环境年鉴
14	有效灌溉面积占耕地面积比重	%	正	0.537	0.684	10	中国统计；环境年鉴
15	第二产业劳动生产率	万元 / 人	正	34.949	14.049	22	省（市、区）统计年鉴；统计公报等
16	单位工业增加值水耗	立方米 / 元	逆	0.004	0.001	3	中国统计
17	规模以上单位工业增加值能耗		逆	NA	NA	NA	
18	工业固体废物综合利用率	%	正	53.912	72.406	8	中国统计
19	工业用水重复利用率	%	正	88.956	90.855	14	环境年鉴
20	六大高载能行业产值占工业总产值比重	%	逆	36.669	33.823	16	工业经济
21	第三产业劳动生产率	万元 / 人	正	15.682	14.742	8	省（市、区）统计年鉴；统计公报等
22	第三产业增加值比重	%	正	50.383	47.992	16	中国统计
23	第三产业就业人员比重	%	正	41.037	36.100	22	省（市、区）统计年鉴；统计公报等
24	人均水资源量	立方米 / 人	正	2139.680	226.100	25	中国统计
25	人均森林面积	公顷 / 人	正	0.198	0.025	27	中国统计
26	森林覆盖率	%	正	33.061	16.730	23	中国统计
27	自然保护区面积占辖区面积比重	%	正	8.720	4.900	24	中国统计；环境年鉴
28	湿地面积占国土面积的比重	%	正	9.228	11.070	6	中国统计
29	人均活立木总蓄积量	立方米 / 人	正	11.669	1.235	26	中国统计

续表

序号	指标名称	单位	指标属性	2017 年测评均值	2017 年山东数值	2017 年山东排名	2017 年数据来源
30	单位土地面积二氧化碳排放量		逆	NA	NA	NA	
31	人均二氧化碳排放量		逆	NA	NA	NA	
32	单位土地面积二氧化硫排放量	吨 / 平方公里	逆	2.947	4.652	27	中国统计
33	人均二氧化硫排放量	吨 / 人	逆	0.008	0.007	18	中国统计
34	单位土地面积化学需氧量排放量	吨 / 平方公里	逆	4.257	3.278	19	中国统计
35	人均化学需氧量排放量	吨 / 人	逆	0.008	0.005	5	中国统计
36	单位土地面积氮氧化物排放量	吨 / 平方公里	逆	5.353	7.293	24	中国统计
37	人均氮氧化物排放量	吨 / 人	逆	0.010	0.012	23	中国统计
38	单位土地面积氨氮排放量	吨 / 平方公里	逆	0.660	0.503	23	中国统计
39	人均氨氮排放量	吨 / 人	逆	0.001	0.001	6	中国统计
40	单位耕地面积化肥施用量	万吨 / 千公顷	逆	0.047	0.058	21	中国统计
41	单位耕地面积农药使用量	吨 / 千公顷	逆	14.931	18.534	23	中国统计；环境年鉴
42	人均公路交通氮氧化物排放量	吨 / 万人	逆	46.153	40.496	17	中国统计
43	环境保护支出占财政支出比重	%	正	3.099	2.558	22	中国统计
44	环境污染治理投资总额占地区生产总值比重	%	正	1.305	1.305	13	环境年鉴
45	农村人均改厕的政府投资	元 / 人	正	13.797	42.074	2	环境年鉴
46	单位耕地面积退耕还林投资完成额	万元 / 千公顷	正	19.400	15.714	13	中国统计；环境年鉴
47	科教文卫支出占财政支出比重	%	正	28.205	33.018	2	中国统计

续表

序号	指标名称	单位	指标属性	2017 年测评均值	2017 年山东数值	2017 年山东排名	2017 年数据来源
48	城市人均绿地面积	公顷 / 人	正	0.004	0.004	10	中国统计
49	城市用水普及率	%	正	98.150	99.820	6	中国统计
50	城市污水处理率	%	正	89.895	96.200	2	环境年鉴
51	城市生活垃圾无害化处理率	%	正	96.730	100.000	1	中国统计
52	城市每万人拥有公交车辆	标台	正	14.222	16.360	5	中国统计
53	人均城市公共交通运营线路网长度	公里 / 人	正	0.001	0.001	8	中国统计
54	农村累计已改水受益人口占农村总人口比重	%	正	96.117	99.318	8	环境年鉴
55	人均互联网宽带接入端口	个 / 人	正	0.567	0.561	14	中国统计
56	建成区绿化覆盖率	%	正	39.987	42.100	7	中国统计
57	人均当年新增造林面积	公顷 / 万人	正	72.570	14.253	25	中国统计
58	工业二氧化硫去除率	%	正	81.978	90.003	3	环境年鉴
59	工业废水化学需氧量去除率	%	正	80.808	94.029	1	环境年鉴
60	工业氮氧化物去除率	%	正	36.601	39.989	10	环境年鉴
61	工业废水氨氮去除率	%	正	76.455	88.470	7	环境年鉴
62	突发环境事件次数	次	逆	10	8	14	中国统计

年鉴说明：中国统计——《中国统计年鉴 2018》；城市——《中国城市统计年鉴 2018》；环境年鉴——《中国环境统计年鉴 2018》；工业经济——《中国工业经济统计年鉴 2018》。

河南绿色发展“体检”表

序号	指标名称	单位	指标属性	2017 年测评均值	2017 年河南数值	2017 年河南排名	2017 年数据来源
1	人均地区生产总值	元 / 人	正	61575.269	46674.171	18	中国统计
2	单位地区生产总值能耗	吨标准煤 / 万元	逆	0.714	0.515	14	中国统计
3	非化石能源消费量占能源消费量的比重		正	NA	NA	NA	
4	单位地区生产总值二氧化碳排放量		逆	NA	NA	NA	
5	单位地区生产总值二氧化硫排放量	吨 / 万元	逆	0.002	0.001	11	中国统计
6	单位地区生产总值化学需氧量排放量	吨 / 万元	逆	0.001	0.001	9	中国统计
7	单位地区生产总值氮氧化物排放量	吨 / 万元	逆	0.002	0.001	13	中国统计
8	单位地区生产总值氨氮排放量	吨 / 万元	逆	0.000	0.000	9	中国统计
9	技术市场成交额占 GDP 的比重	%	正	0.016	0.002	27	中国统计
10	人均城镇生活消费用电	千瓦时 / 人	逆	436.409	231.417	5	城市
11	第一产业劳动生产率	万元 / 人	正	2.724	1.631	27	省（市、区）统计年鉴；统计公报等
12	土地产出率	亿元 / 千公顷	正	0.432	0.309	20	中国统计
13	节灌率	%	正	0.564	0.359	21	中国统计；环境年鉴
14	有效灌溉面积占耕地面积比重	%	正	0.537	0.650	13	中国统计；环境年鉴
15	第二产业劳动生产率	万元 / 人	正	34.949	10.147	30	省（市、区）统计年鉴；统计公报等
16	单位工业增加值水耗	立方米 / 元	逆	0.004	0.003	9	中国统计
17	规模以上单位工业增加值能耗		逆	NA	NA	NA	
18	工业固体废物综合利用率	%	正	53.912	71.102	9	中国统计

续表

序号	指标名称	单位	指标属性	2017 年测评均值	2017 年河南数值	2017 年河南排名	2017 年数据来源
19	工业用水重复利用率	%	正	88.956	91.212	13	环境年鉴
20	六大高载能行业产值占工业总产值比重	%	逆	36.669	33.391	14	工业经济
21	第三产业劳动生产率	万元 / 人	正	15.682	9.073	23	省（市、区）统计年鉴；统计公报等
22	第三产业增加值比重	%	正	50.383	43.337	27	中国统计
23	第三产业就业人员比重	%	正	41.037	32.038	27	省（市、区）统计年鉴；统计公报等
24	人均水资源量	立方米 / 人	正	2139.680	443.200	22	中国统计
25	人均森林面积	公顷 / 人	正	0.198	0.038	25	中国统计
26	森林覆盖率	%	正	33.061	21.500	20	中国统计
27	自然保护区面积占辖区面积比重	%	正	8.720	4.700	25	中国统计；环境年鉴
28	湿地面积占国土面积的比重	%	正	9.228	3.760	20	中国统计
29	人均活立木总蓄积量	立方米 / 人	正	11.669	2.394	23	中国统计
30	单位土地面积二氧化碳排放量		逆	NA	NA	NA	
31	人均二氧化碳排放量		逆	NA	NA	NA	
32	单位土地面积二氧化硫排放量	吨 / 平方公里	逆	2.947	1.741	14	中国统计
33	人均二氧化硫排放量	吨 / 人	逆	0.008	0.003	5	中国统计
34	单位土地面积化学需氧量排放量	吨 / 平方公里	逆	4.257	2.619	12	中国统计
35	人均化学需氧量排放量	吨 / 人	逆	0.008	0.005	2	中国统计
36	单位土地面积氮氧化物排放量	吨 / 平方公里	逆	5.353	4.031	19	中国统计
37	人均氮氧化物排放量	吨 / 人	逆	0.010	0.007	8	中国统计
38	单位土地面积氨氮排放量	吨 / 平方公里	逆	0.660	0.378	14	中国统计
39	人均氨氮排放量	吨 / 人	逆	0.001	0.001	2	中国统计

续表

序号	指标名称	单位	指标属性	2017 年测评均值	2017 年河南数值	2017 年河南排名	2017 年数据来源
40	单位耕地面积化肥施用量	万吨 / 千公顷	逆	0.047	0.087	29	中国统计
41	单位耕地面积农药使用量	吨 / 千公顷	逆	14.931	14.880	18	中国统计；环境年鉴
42	人均公路交通氮氧化物排放量	吨 / 万人	逆	46.153	51.543	22	中国统计
43	环境保护支出占财政支出比重	%	正	3.099	2.941	16	中国统计
44	环境污染治理投资总额占地区生产总值比重	%	正	1.305	1.425	12	环境年鉴
45	农村人均改厕的政府投资	元 / 人	正	13.797	4.520	22	环境年鉴
46	单位耕地面积退耕还林投资完成额	万元 / 千公顷	正	19.400	4.758	26	中国统计；环境年鉴
47	科教文卫支出占财政支出比重	%	正	28.205	31.224	9	中国统计
48	城市人均绿地面积	公顷 / 人	正	0.004	0.002	27	中国统计
49	城市用水普及率	%	正	98.150	95.880	27	中国统计
50	城市污水处理率	%	正	89.895	93.650	8	环境年鉴
51	城市生活垃圾无害化处理率	%	正	96.730	99.700	12	中国统计
52	城市每万人拥有公交车辆	标台	正	14.222	12.280	23	中国统计
53	人均城市公共交通运营线路网长度	公里 / 人	正	0.001	0.000	30	中国统计
54	农村累计已改水受益人口占农村总人口比重	%	正	96.117	91.110	27	环境年鉴
55	人均互联网宽带接入端口	个 / 人	正	0.567	0.469	22	中国统计
56	建成区绿化覆盖率	%	正	39.987	39.400	20	中国统计

续表

序号	指标名称	单位	指标属性	2017 年测评均值	2017 年河南数值	2017 年河南排名	2017 年数据来源
57	人均当年新增造林面积	公顷 / 万人	正	72.570	18.954	23	中国统计
58	工业二氧化硫去除率	%	正	81.978	89.171	6	环境年鉴
59	工业废水化学需氧量去除率	%	正	80.808	88.572	9	环境年鉴
60	工业氮氧化物去除率	%	正	36.601	42.337	7	环境年鉴
61	工业废水氨氮去除率	%	正	76.455	79.388	19	环境年鉴
62	突发环境事件次数	次	逆	10	5	11	中国统计

年鉴说明：中国统计——《中国统计年鉴 2018》；城市——《中国城市统计年鉴 2018》；环境年鉴——《中国环境统计年鉴 2018》；工业经济——《中国工业经济统计年鉴 2018》。

湖北绿色发展“体检”表

序号	指标名称	单位	指标属性	2017 年测评均值	2017 年湖北数值	2017 年湖北排名	2017 年数据来源
1	人均地区生产总值	元 / 人	正	61575.269	60198.677	11	中国统计
2	单位地区生产总值能耗	吨标准煤 / 万元	逆	0.714	0.483	12	中国统计
3	非化石能源消费量占能源消费量的比重		正	NA	NA	NA	
4	单位地区生产总值二氧化碳排放量		逆	NA	NA	NA	
5	单位地区生产总值二氧化硫排放量	吨 / 万元	逆	0.002	0.001	9	中国统计
6	单位地区生产总值化学需氧量排放量	吨 / 万元	逆	0.001	0.001	17	中国统计
7	单位地区生产总值氮氧化物排放量	吨 / 万元	逆	0.002	0.001	9	中国统计
8	单位地区生产总值氨氮排放量	吨 / 万元	逆	0.000	0.000	16	中国统计
9	技术市场成交额占 GDP 的比重	%	正	0.016	0.029	4	中国统计
10	人均城镇生活消费用电	千瓦时 / 人	逆	436.409	388.083	19	城市

续表

序号	指标名称	单位	指标属性	2017 年测评均值	2017 年湖北数值	2017 年湖北排名	2017 年数据来源
11	第一产业劳动生产率	万元 / 人	正	2.724	2.698	10	省（市、区）统计年鉴；统计公报等
12	土地产出率	亿元 / 千公顷	正	0.432	0.372	15	中国统计
13	节灌率	%	正	0.564	0.152	29	中国统计；环境年鉴
14	有效灌溉面积占耕地面积比重	%	正	0.537	0.558	14	中国统计；环境年鉴
15	第二产业劳动生产率	万元 / 人	正	34.949	18.427	10	省（市、区）统计年鉴；统计公报等
16	单位工业增加值水耗	立方米 / 元	逆	0.004	0.007	24	中国统计
17	规模以上单位工业增加值能耗		逆	NA	NA	NA	
18	工业固体废物综合利用率	%	正	53.912	46.946	15	中国统计
19	工业用水重复利用率	%	正	88.956	91.772	10	环境年鉴
20	六大高载能行业产值占工业总产值比重	%	逆	36.669	26.933	8	工业经济
21	第三产业劳动生产率	万元 / 人	正	15.682	11.057	15	省（市、区）统计年鉴；统计公报等
22	第三产业增加值比重	%	正	50.383	46.528	20	中国统计
23	第三产业就业人员比重	%	正	41.037	41.357	14	省（市、区）统计年鉴；统计公报等
24	人均水资源量	立方米 / 人	正	2139.680	2118.900	12	中国统计
25	人均森林面积	公顷 / 人	正	0.198	0.121	17	中国统计
26	森林覆盖率	%	正	33.061	38.400	13	中国统计
27	自然保护区面积占辖区面积比重	%	正	8.720	5.700	19	中国统计；环境年鉴
28	湿地面积占国土面积的比重	%	正	9.228	7.770	11	中国统计
29	人均活立木总蓄积量	立方米 / 人	正	11.669	5.307	18	中国统计
30	单位土地面积二氧化碳排放量		逆	NA	NA	NA	

续表

序号	指标名称	单位	指标属性	2017 年测评均值	2017 年湖北数值	2017 年湖北排名	2017 年数据来源
31	人均二氧化碳排放量		逆	NA	NA	NA	
32	单位土地面积二氧化硫排放量	吨 / 平方公里	逆	2.947	1.453	11	中国统计
33	人均二氧化硫排放量	吨 / 人	逆	0.008	0.004	11	中国统计
34	单位土地面积化学需氧量排放量	吨 / 平方公里	逆	4.257	3.428	20	中国统计
35	人均化学需氧量排放量	吨 / 人	逆	0.008	0.009	23	中国统计
36	单位土地面积氮氧化物排放量	吨 / 平方公里	逆	5.353	2.487	13	中国统计
37	人均氮氧化物排放量	吨 / 人	逆	0.010	0.006	4	中国统计
38	单位土地面积氨氮排放量	吨 / 平方公里	逆	0.660	0.475	22	中国统计
39	人均氨氮排放量	吨 / 人	逆	0.001	0.001	24	中国统计
40	单位耕地面积化肥施用量	万吨 / 千公顷	逆	0.047	0.061	25	中国统计
41	单位耕地面积农药使用量	吨 / 千公顷	逆	14.931	20.930	24	中国统计；环境年鉴
42	人均公路交通氮氧化物排放量	吨 / 万人	逆	46.153	30.712	7	中国统计
43	环境保护支出占财政支出比重	%	正	3.099	2.054	28	中国统计
44	环境污染治理投资总额占地区生产总值比重	%	正	1.305	1.190	15	环境年鉴
45	农村人均改厕的政府投资	元 / 人	正	13.797	10.705	16	环境年鉴
46	单位耕地面积退耕还林投资完成额	万元 / 千公顷	正	19.400	12.746	14	中国统计；环境年鉴
47	科教文卫支出占财政支出比重	%	正	28.205	30.076	12	中国统计
48	城市人均绿地面积	公顷 / 人	正	0.004	0.003	24	中国统计

续表

序号	指标名称	单位	指标属性	2017 年测评均值	2017 年湖北数值	2017 年湖北排名	2017 年数据来源
49	城市用水普及率	%	正	98.150	99.270	9	中国统计
50	城市污水处理率	%	正	89.895	89.490	18	环境年鉴
51	城市生活垃圾无害化处理率	%	正	96.730	99.900	6	中国统计
52	城市每万人拥有公交车辆	标台	正	14.222	12.380	22	中国统计
53	人均城市公共交通运营线路网长度	公里 / 人	正	0.001	0.000	20	中国统计
54	农村累计已改水受益人口占农村总人口比重	%	正	96.117	99.528	7	环境年鉴
55	人均互联网宽带接入端口	个 / 人	正	0.567	0.442	25	中国统计
56	建成区绿化覆盖率	%	正	39.987	38.400	24	中国统计
57	人均当年新增造林面积	公顷 / 万人	正	72.570	68.014	13	中国统计
58	工业二氧化硫去除率	%	正	81.978	89.816	4	环境年鉴
59	工业废水化学需氧量去除率	%	正	80.808	76.648	21	环境年鉴
60	工业氮氧化物去除率	%	正	36.601	41.008	9	环境年鉴
61	工业废水氨氮去除率	%	正	76.455	60.671	25	环境年鉴
62	突发环境事件次数	次	逆	10	18	27	中国统计

年鉴说明：中国统计——《中国统计年鉴 2018》；城市——《中国城市统计年鉴 2018》；环境年鉴——《中国环境统计年鉴 2018》；工业经济——《中国工业经济统计年鉴 2018》。

湖南绿色发展“体检”表

序号	指标名称	单位	指标属性	2017 年测评均值	2017 年湖南数值	2017 年湖南排名	2017 年数据来源
1	人均地区生产总值	元 / 人	正	61575.269	49558.486	16	中国统计
2	单位地区生产总值能耗	吨标准煤 / 万元	逆	0.714	0.477	10	中国统计
3	非化石能源消费量占能源消费量的比重		正	NA	NA	NA	
4	单位地区生产总值二氧化碳排放量		逆	NA	NA	NA	
5	单位地区生产总值二氧化硫排放量	吨 / 万元	逆	0.002	0.001	10	中国统计
6	单位地区生产总值化学需氧量排放量	吨 / 万元	逆	0.001	0.002	19	中国统计
7	单位地区生产总值氮氧化物排放量	吨 / 万元	逆	0.002	0.001	10	中国统计
8	单位地区生产总值氨氮排放量	吨 / 万元	逆	0.000	0.000	24	中国统计
9	技术市场成交额占 GDP 的比重	%	正	0.016	0.006	18	中国统计
10	人均城镇生活消费用电	千瓦时 / 人	逆	436.409	272.143	9	城市
11	第一产业劳动生产率	万元 / 人	正	2.724	1.933	24	省（市、区）统计年鉴；统计公报等
12	土地产出率	亿元 / 千公顷	正	0.432	0.312	19	中国统计
13	节灌率	%	正	0.564	0.126	30	中国统计；环境年鉴
14	有效灌溉面积占耕地面积比重	%	正	0.537	0.758	6	中国统计；环境年鉴
15	第二产业劳动生产率	万元 / 人	正	34.949	15.864	14	省（市、区）统计年鉴；统计公报等
16	单位工业增加值水耗	立方米 / 元	逆	0.004	0.007	25	中国统计
17	规模以上单位工业增加值能耗		逆	NA	NA	NA	
18	工业固体废物综合利用率	%	正	53.912	68.371	10	中国统计
19	工业用水重复利用率	%	正	88.956	86.744	23	环境年鉴

续表

序号	指标名称	单位	指标属性	2017 年测评均值	2017 年湖南数值	2017 年湖南排名	2017 年数据来源
20	六大高载能行业产值占工业总产值比重	%	逆	36.669	31.550	13	工业经济
21	第三产业劳动生产率	万元 / 人	正	15.682	103.117	1	省（市、区）统计年鉴；统计公报等
22	第三产业增加值比重	%	正	50.383	49.432	14	中国统计
23	第三产业就业人员比重	%	正	41.037	4.394	30	省（市、区）统计年鉴；统计公报等
24	人均水资源量	立方米 / 人	正	2139.680	2795.500	9	中国统计
25	人均森林面积	公顷 / 人	正	0.198	0.148	15	中国统计
26	森林覆盖率	%	正	33.061	47.770	8	中国统计
27	自然保护区面积占辖区面积比重	%	正	8.720	5.800	18	中国统计；环境年鉴
28	湿地面积占国土面积的比重	%	正	9.228	4.810	18	中国统计
29	人均活立木总蓄积量	立方米 / 人	正	11.669	5.439	17	中国统计
30	单位土地面积二氧化碳排放量		逆	NA	NA	NA	
31	人均二氧化碳排放量		逆	NA	NA	NA	
32	单位土地面积二氧化硫排放量	吨 / 平方公里	逆	2.947	1.088	6	中国统计
33	人均二氧化硫排放量	吨 / 人	逆	0.008	0.003	6	中国统计
34	单位土地面积化学需氧量排放量	吨 / 平方公里	逆	4.257	2.918	15	中国统计
35	人均化学需氧量排放量	吨 / 人	逆	0.008	0.008	21	中国统计
36	单位土地面积氮氧化物排放量	吨 / 平方公里	逆	5.353	1.848	8	中国统计
37	人均氮氧化物排放量	吨 / 人	逆	0.010	0.005	1	中国统计
38	单位土地面积氨氮排放量	吨 / 平方公里	逆	0.660	0.421	19	中国统计
39	人均氨氮排放量	吨 / 人	逆	0.001	0.001	23	中国统计
40	单位耕地面积化肥施用量	万吨 / 千公顷	逆	0.047	0.059	23	中国统计

续表

序号	指标名称	单位	指标属性	2017 年测评均值	2017 年湖南数值	2017 年湖南排名	2017 年数据来源
41	单位耕地面积农药使用量	吨 / 千公顷	逆	14.931	27.950	26	中国统计；环境年鉴
42	人均公路交通氮氧化物排放量	吨 / 万人	逆	46.153	24.704	3	中国统计
43	环境保护支出占财政支出比重	%	正	3.099	2.522	24	中国统计
44	环境污染治理投资总额占地区生产总值比重	%	正	1.305	0.634	26	环境年鉴
45	农村人均改厕的政府投资	元 / 人	正	13.797	9.543	17	环境年鉴
46	单位耕地面积退耕还林投资完成额	万元 / 千公顷	正	19.400	16.883	12	中国统计；环境年鉴
47	科教文卫支出占财政支出比重	%	正	28.205	28.264	19	中国统计
48	城市人均绿地面积	公顷 / 人	正	0.004	0.002	30	中国统计
49	城市用水普及率	%	正	98.150	96.520	25	中国统计
50	城市污水处理率	%	正	89.895	93.280	11	环境年鉴
51	城市生活垃圾无害化处理率	%	正	96.730	99.800	10	中国统计
52	城市每万人拥有公交车辆	标台	正	14.222	14.430	13	中国统计
53	人均城市公共交通运营线路网长度	公里 / 人	正	0.001	0.000	28	中国统计
54	农村累计已改水受益人口占农村总人口比重	%	正	96.117	92.827	23	环境年鉴
55	人均互联网宽带接入端口	个 / 人	正	0.567	0.356	29	中国统计
56	建成区绿化覆盖率	%	正	39.987	41.200	9	中国统计
57	人均当年新增造林面积	公顷 / 万人	正	72.570	81.003	9	中国统计
58	工业二氧化硫去除率	%	正	81.978	80.691	21	环境年鉴

续表

序号	指标名称	单位	指标属性	2017 年测评均值	2017 年湖南数值	2017 年湖南排名	2017 年数据来源
59	工业废水化学需氧量去除率	%	正	80.808	75.294	23	环境年鉴
60	工业氮氧化物去除率	%	正	36.601	32.455	22	环境年鉴
61	工业废水氨氮去除率	%	正	76.455	53.551	27	环境年鉴
62	突发环境事件次数	次	逆	10	15	23	中国统计

年鉴说明：中国统计——《中国统计年鉴 2018》；城市——《中国城市统计年鉴 2018》；环境年鉴——《中国环境统计年鉴 2018》；工业经济——《中国工业经济统计年鉴 2018》。

广东绿色发展"体检"表

序号	指标名称	单位	指标属性	2017 年测评均值	2017 年广东数值	2017 年广东排名	2017 年数据来源
1	人均地区生产总值	元 / 人	正	61575.269	80932.182	7	中国统计
2	单位地区生产总值能耗	吨标准煤 / 万元	逆	0.714	0.361	2	中国统计
3	非化石能源消费量占能源消费量的比重		正	NA	NA	NA	
4	单位地区生产总值二氧化碳排放量		逆	NA	NA	NA	
5	单位地区生产总值二氧化硫排放量	吨 / 万元	逆	0.002	0.000	4	中国统计
6	单位地区生产总值化学需氧量排放量	吨 / 万元	逆	0.001	0.001	11	中国统计
7	单位地区生产总值氮氧化物排放量	吨 / 万元	逆	0.002	0.001	6	中国统计
8	单位地区生产总值氨氮排放量	吨 / 万元	逆	0.000	0.000	10	中国统计
9	技术市场成交额占 GDP 的比重	%	正	0.016	0.010	11	中国统计
10	人均城镇生活消费用电	千瓦时 / 人	逆	436.409	618.056	26	城市
11	第一产业劳动生产率	万元 / 人	正	2.724	2.651	12	省（市、区）统计年鉴；统计公报等

续表

序号	指标名称	单位	指标属性	2017 年测评均值	2017 年广东数值	2017 年广东排名	2017 年数据来源
12	土地产出率	亿元 / 千公顷	正	0.432	0.684	5	中国统计
13	节灌率	%	正	0.564	0.184	28	中国统计；环境年鉴
14	有效灌溉面积占耕地面积比重	%	正	0.537	0.683	11	中国统计；环境年鉴
15	第二产业劳动生产率	万元 / 人	正	34.949	14.949	19	省（市、区）统计年鉴；统计公报等
16	单位工业增加值水耗	立方米 / 元	逆	0.004	0.003	11	中国统计
17	规模以上单位工业增加值能耗		逆	NA	NA	NA	
18	工业固体废物综合利用率	%	正	53.912	81.532	6	中国统计
19	工业用水重复利用率	%	正	88.956	80.592	28	环境年鉴
20	六大高载能行业产值占工业总产值比重	%	逆	36.669	20.005	2	工业经济
21	第三产业劳动生产率	万元 / 人	正	15.682	19.992	6	省（市、区）统计年鉴；统计公报等
22	第三产业增加值比重	%	正	50.383	53.604	7	中国统计
23	第三产业就业人员比重	%	正	41.037	38.479	20	省（市、区）统计年鉴；统计公报等
24	人均水资源量	立方米 / 人	正	2139.680	1611.900	14	中国统计
25	人均森林面积	公顷 / 人	正	0.198	0.081	21	中国统计
26	森林覆盖率	%	正	33.061	51.260	6	中国统计
27	自然保护区面积占辖区面积比重	%	正	8.720	7.100	15	中国统计；环境年鉴
28	湿地面积占国土面积的比重	%	正	9.228	9.760	8	中国统计
29	人均活立木总蓄积量	立方米 / 人	正	11.669	3.382	21	中国统计
30	单位土地面积二氧化碳排放量		逆	NA	NA	NA	
31	人均二氧化碳排放量		逆	NA	NA	NA	
32	单位土地面积二氧化硫排放量	吨 / 平方公里	逆	2.947	1.541	12	中国统计

续表

序号	指标名称	单位	指标属性	2017年测评均值	2017年广东数值	2017年广东排名	2017年数据来源
33	人均二氧化硫排放量	吨/人	逆	0.008	0.002	4	中国统计
34	单位土地面积化学需氧量排放量	吨/平方公里	逆	4.257	5.571	25	中国统计
35	人均化学需氧量排放量	吨/人	逆	0.008	0.009	24	中国统计
36	单位土地面积氮氧化物排放量	吨/平方公里	逆	5.353	4.618	22	中国统计
37	人均氮氧化物排放量	吨/人	逆	0.010	0.007	11	中国统计
38	单位土地面积氨氮排放量	吨/平方公里	逆	0.660	0.765	25	中国统计
39	人均氨氮排放量	吨/人	逆	0.001	0.001	25	中国统计
40	单位耕地面积化肥施用量	万吨/千公顷	逆	0.047	0.099	30	中国统计
41	单位耕地面积农药使用量	吨/千公顷	逆	14.931	43.451	29	中国统计；环境年鉴
42	人均公路交通氮氧化物排放量	吨/万人	逆	46.153	36.178	14	中国统计
43	环境保护支出占财政支出比重	%	正	3.099	2.881	17	中国统计
44	环境污染治理投资总额占地区生产总值比重	%	正	1.305	0.408	29	环境年鉴
45	农村人均改厕的政府投资	元/人	正	13.797	6.556	20	环境年鉴
46	单位耕地面积退耕还林投资完成额	万元/千公顷	正	19.400	5.757	23	中国统计；环境年鉴
47	科教文卫支出占财政支出比重	%	正	28.205	33.203	1	中国统计
48	城市人均绿地面积	公顷/人	正	0.004	0.006	3	中国统计
49	城市用水普及率	%	正	98.150	97.800	21	中国统计
50	城市污水处理率	%	正	89.895	87.630	22	环境年鉴
51	城市生活垃圾无害化处理率	%	正	96.730	98.000	21	中国统计

续表

序号	指标名称	单位	指标属性	2017 年测评均值	2017 年广东数值	2017 年广东排名	2017 年数据来源
52	城市每万人拥有公交车辆	标台	正	14.222	15.300	9	中国统计
53	人均城市公共交通运营线路网长度	公里 / 人	正	0.001	0.001	7	中国统计
54	农村累计已改水受益人口占农村总人口比重	%	正	96.117	99.203	10	环境年鉴
55	人均互联网宽带接入端口	个 / 人	正	0.567	0.585	11	中国统计
56	建成区绿化覆盖率	%	正	39.987	43.500	4	中国统计
57	人均当年新增造林面积	公顷 / 万人	正	72.570	24.412	21	中国统计
58	工业二氧化硫去除率	%	正	81.978	87.319	12	环境年鉴
59	工业废水化学需氧量去除率	%	正	80.808	82.924	16	环境年鉴
60	工业氮氧化物去除率	%	正	36.601	39.460	13	环境年鉴
61	工业废水氨氮去除率	%	正	76.455	69.867	23	环境年鉴
62	突发环境事件次数	次	逆	10	48	30	中国统计

年鉴说明：中国统计——《中国统计年鉴 2018》；城市——《中国城市统计年鉴 2018》；环境年鉴——《中国环境统计年鉴 2018》；工业经济——《中国工业经济统计年鉴 2018》。

广西绿色发展“体检”表

序号	指标名称	单位	指标属性	2017 年测评均值	2017 年广西数值	2017 年广西排名	2017 年数据来源
1	人均地区生产总值	元 / 人	正	61575.269	38101.944	27	中国统计
2	单位地区生产总值能耗	吨标准煤 / 万元	逆	0.714	0.565	18	中国统计
3	非化石能源消费量占能源消费量的比重		正	NA	NA	NA	
4	单位地区生产总值二氧化碳排放量		逆	NA	NA	NA	
5	单位地区生产总值二氧化硫排放量	吨 / 万元	逆	0.002	0.001	13	中国统计

续表

序号	指标名称	单位	指标属性	2017年测评均值	2017年广西数值	2017年广西排名	2017年数据来源
6	单位地区生产总值化学需氧量排放量	吨/万元	逆	0.001	0.002	28	中国统计
7	单位地区生产总值氮氧化物排放量	吨/万元	逆	0.002	0.002	20	中国统计
8	单位地区生产总值氨氮排放量	吨/万元	逆	0.000	0.000	27	中国统计
9	技术市场成交额占GDP的比重	%	正	0.016	0.002	25	中国统计
10	人均城镇生活消费用电	千瓦时/人	逆	436.409	274.493	10	城市
11	第一产业劳动生产率	万元/人	正	2.724	2.028	23	省（市、区）统计年鉴；统计公报等
12	土地产出率	亿元/千公顷	正	0.432	0.425	9	中国统计
13	节灌率	%	正	0.564	0.640	11	中国统计；环境年鉴
14	有效灌溉面积占耕地面积比重	%	正	0.537	0.381	20	中国统计；环境年鉴
15	第二产业劳动生产率	万元/人	正	34.949	14.932	20	省（市、区）统计年鉴；统计公报等
16	单位工业增加值水耗	立方米/元	逆	0.004	0.008	29	中国统计
17	规模以上单位工业增加值能耗		逆	NA	NA	NA	
18	工业固体废物综合利用率	%	正	53.912	42.105	16	中国统计
19	工业用水重复利用率	%	正	88.956	86.093	24	环境年鉴
20	六大高载能行业产值占工业总产值比重	%	逆	36.669	37.781	19	工业经济
21	第三产业劳动生产率	万元/人	正	15.682	8.873	27	省（市、区）统计年鉴；统计公报等
22	第三产业增加值比重	%	正	50.383	44.237	25	中国统计
23	第三产业就业人员比重	%	正	41.037	32.688	26	省（市、区）统计年鉴；统计公报等

续表

序号	指标名称	单位	指标属性	2017 年测评均值	2017 年广西数值	2017 年广西排名	2017 年数据来源
24	人均水资源量	立方米 / 人	正	2139.680	4912.100	2	中国统计
25	人均森林面积	公顷 / 人	正	0.198	0.275	7	中国统计
26	森林覆盖率	%	正	33.061	56.510	4	中国统计
27	自然保护区面积占辖区面积比重	%	正	8.720	5.500	20	中国统计；环境年鉴
28	湿地面积占国土面积的比重	%	正	9.228	3.200	23	中国统计
29	人均活立木总蓄积量	立方米 / 人	正	11.669	11.426	8	中国统计
30	单位土地面积二氧化碳排放量		逆	NA	NA	NA	
31	人均二氧化碳排放量		逆	NA	NA	NA	
32	单位土地面积二氧化硫排放量	吨 / 平方公里	逆	2.947	0.743	2	中国统计
33	人均二氧化硫排放量	吨 / 人	逆	0.008	0.004	10	中国统计
34	单位土地面积化学需氧量排放量	吨 / 平方公里	逆	4.257	1.911	10	中国统计
35	人均化学需氧量排放量	吨 / 人	逆	0.008	0.009	26	中国统计
36	单位土地面积氮氧化物排放量	吨 / 平方公里	逆	5.353	1.448	5	中国统计
37	人均氮氧化物排放量	吨 / 人	逆	0.010	0.007	9	中国统计
38	单位土地面积氨氮排放量	吨 / 平方公里	逆	0.660	0.202	8	中国统计
39	人均氨氮排放量	吨 / 人	逆	0.001	0.001	17	中国统计
40	单位耕地面积化肥施用量	万吨 / 千公顷	逆	0.047	0.060	24	中国统计
41	单位耕地面积农药使用量	吨 / 千公顷	逆	14.931	16.523	20	中国统计；环境年鉴
42	人均公路交通氮氧化物排放量	吨 / 万人	逆	46.153	26.535	5	中国统计
43	环境保护支出占财政支出比重	%	正	3.099	1.734	29	中国统计
44	环境污染治理投资总额占地区生产总值比重	%	正	1.305	0.903	19	环境年鉴

续表

序号	指标名称	单位	指标属性	2017 年测评均值	2017 年广西数值	2017 年广西排名	2017 年数据来源
45	农村人均改厕的政府投资	元 / 人	正	13.797	42.632	1	环境年鉴
46	单位耕地面积退耕还林投资完成额	万元 / 千公顷	正	19.400	5.822	20	中国统计；环境年鉴
47	科教文卫支出占财政支出比重	%	正	28.205	31.718	7	中国统计
48	城市人均绿地面积	公顷 / 人	正	0.004	0.004	11	中国统计
49	城市用水普及率	%	正	98.150	97.630	22	中国统计
50	城市污水处理率	%	正	89.895	93.210	12	环境年鉴
51	城市生活垃圾无害化处理率	%	正	96.730	99.900	6	中国统计
52	城市每万人拥有公交车辆	标台	正	14.222	10.740	27	中国统计
53	人均城市公共交通运营线路网长度	公里 / 人	正	0.001	0.000	27	中国统计
54	农村累计已改水受益人口占农村总人口比重	%	正	96.117	89.826	29	环境年鉴
55	人均互联网宽带接入端口	个 / 人	正	0.567	0.456	24	中国统计
56	建成区绿化覆盖率	%	正	39.987	39.100	21	中国统计
57	人均当年新增造林面积	公顷 / 万人	正	72.570	36.219	18	中国统计
58	工业二氧化硫去除率	%	正	81.978	84.784	14	环境年鉴
59	工业废水化学需氧量去除率	%	正	80.808	85.619	12	环境年鉴
60	工业氮氧化物去除率	%	正	36.601	38.501	14	环境年鉴
61	工业废水氨氮去除率	%	正	76.455	83.703	14	环境年鉴
62	突发环境事件次数	次	逆	10	8	14	中国统计

年鉴说明：中国统计——《中国统计年鉴 2018》；城市——《中国城市统计年鉴 2018》；环境年鉴——《中国环境统计年鉴 2018》；工业经济——《中国工业经济统计年鉴 2018》。

海南绿色发展“体检”表

序号	指标名称	单位	指标属性	2017 年测评均值	2017 年海南数值	2017 年海南排名	2017 年数据来源
1	人均地区生产总值	元 / 人	正	61575.269	48426.913	17	中国统计
2	单位地区生产总值能耗	吨标准煤 / 万元	逆	0.714	0.471	9	中国统计
3	非化石能源消费量占能源消费量的比重		正	NA	NA	NA	
4	单位地区生产总值二氧化碳排放量		逆	NA	NA	NA	
5	单位地区生产总值二氧化硫排放量	吨 / 万元	逆	0.002	0.000	5	中国统计
6	单位地区生产总值化学需氧量排放量	吨 / 万元	逆	0.001	0.002	20	中国统计
7	单位地区生产总值氮氧化物排放量	吨 / 万元	逆	0.002	0.001	12	中国统计
8	单位地区生产总值氨氮排放量	吨 / 万元	逆	0.000	0.000	23	中国统计
9	技术市场成交额占 GDP 的比重	%	正	0.016	0.001	29	中国统计
10	人均城镇生活消费用电	千瓦时 / 人	逆	436.409	531.365	23	城市
11	第一产业劳动生产率	万元 / 人	正	2.724	4.143	4	省（市、区）统计年鉴；统计公报等
12	土地产出率	亿元 / 千公顷	正	0.432	0.997	2	中国统计
13	节灌率	%	正	0.564	0.308	24	中国统计；环境年鉴
14	有效灌溉面积占耕地面积比重	%	正	0.537	0.400	17	中国统计；环境年鉴
15	第二产业劳动生产率	万元 / 人	正	34.949	14.530	21	省（市、区）统计年鉴；统计公报等
16	单位工业增加值水耗	立方米 / 元	逆	0.004	0.006	19	中国统计
17	规模以上单位工业增加值能耗		逆	NA	NA	NA	
18	工业固体废物综合利用率	%	正	53.912	37.052	19	中国统计

续表

序号	指标名称	单位	指标属性	2017 年测评均值	2017 年海南数值	2017 年海南排名	2017 年数据来源
19	工业用水重复利用率	%	正	88.956	94.678	2	环境年鉴
20	六大高载能行业产值占工业总产值比重	%	逆	36.669	59.072	28	工业经济
21	第三产业劳动生产率	万元 / 人	正	15.682	9.270	22	省（市、区）统计年鉴；统计公报等
22	第三产业增加值比重	%	正	50.383	56.097	4	中国统计
23	第三产业就业人员比重	%	正	41.037	47.933	4	省（市、区）统计年鉴；统计公报等
24	人均水资源量	立方米 / 人	正	2139.680	4165.700	5	中国统计
25	人均森林面积	公顷 / 人	正	0.198	0.203	12	中国统计
26	森林覆盖率	%	正	33.061	55.380	5	中国统计
27	自然保护区面积占辖区面积比重	%	正	8.720	6.900	17	中国统计；环境年鉴
28	湿地面积占国土面积的比重	%	正	9.228	9.140	10	中国统计
29	人均活立木总蓄积量	立方米 / 人	正	11.669	10.556	10	中国统计
30	单位土地面积二氧化碳排放量		逆	NA	NA	NA	
31	人均二氧化碳排放量		逆	NA	NA	NA	
32	单位土地面积二氧化硫排放量	吨 / 平方公里	逆	2.947	3.392	23	中国统计
33	人均二氧化硫排放量	吨 / 人	逆	0.008	0.002	3	中国统计
34	单位土地面积化学需氧量排放量	吨 / 平方公里	逆	4.257	18.548	29	中国统计
35	人均化学需氧量排放量	吨 / 人	逆	0.008	0.008	22	中国统计
36	单位土地面积氮氧化物排放量	吨 / 平方公里	逆	5.353	14.255	28	中国统计
37	人均氮氧化物排放量	吨 / 人	逆	0.010	0.007	5	中国统计
38	单位土地面积氨氮排放量	吨 / 平方公里	逆	0.660	2.585	29	中国统计
39	人均氨氮排放量	吨 / 人	逆	0.001	0.001	21	中国统计

续表

序号	指标名称	单位	指标属性	2017 年测评均值	2017 年海南数值	2017 年海南排名	2017 年数据来源
40	单位耕地面积化肥施用量	万吨 / 千公顷	逆	0.047	0.071	27	中国统计
41	单位耕地面积农药使用量	吨 / 千公顷	逆	14.931	46.246	30	中国统计；环境年鉴
42	人均公路交通氮氧化物排放量	吨 / 万人	逆	46.153	31.468	10	中国统计
43	环境保护支出占财政支出比重	%	正	3.099	2.474	25	中国统计
44	环境污染治理投资总额占地区生产总值比重	%	正	1.305	1.212	14	环境年鉴
45	农村人均改厕的政府投资	元 / 人	正	13.797	40.378	4	环境年鉴
46	单位耕地面积退耕还林投资完成额	万元 / 千公顷	正	19.400	5.083	25	中国统计；环境年鉴
47	科教文卫支出占财政支出比重	%	正	28.205	27.048	20	中国统计
48	城市人均绿地面积	公顷 / 人	正	0.004	0.003	20	中国统计
49	城市用水普及率	%	正	98.150	98.400	17	中国统计
50	城市污水处理率	%	正	89.895	90.490	16	环境年鉴
51	城市生活垃圾无害化处理率	%	正	96.730	100.000	1	中国统计
52	城市每万人拥有公交车辆	标台	正	14.222	13.540	19	中国统计
53	人均城市公共交通运营线路网长度	公里 / 人	正	0.001	0.002	2	中国统计
54	农村累计已改水受益人口占农村总人口比重	%	正	96.117	94.088	21	环境年鉴
55	人均互联网宽带接入端口	个 / 人	正	0.567	0.620	9	中国统计
56	建成区绿化覆盖率	%	正	39.987	40.100	16	中国统计

续表

序号	指标名称	单位	指标属性	2017 年测评均值	2017 年海南数值	2017 年海南排名	2017 年数据来源
57	人均当年新增造林面积	公顷 / 万人	正	72.570	13.976	26	中国统计
58	工业二氧化硫去除率	%	正	81.978	88.744	7	环境年鉴
59	工业废水化学需氧量去除率	%	正	80.808	91.754	4	环境年鉴
60	工业氮氧化物去除率	%	正	36.601	60.281	1	环境年鉴
61	工业废水氨氮去除率	%	正	76.455	81.311	18	环境年鉴
62	突发环境事件次数	次	逆	10	4	8	中国统计

年鉴说明：中国统计——《中国统计年鉴 2018》；城市——《中国城市统计年鉴 2018》；环境年鉴——《中国环境统计年鉴 2018》；工业经济——《中国工业经济统计年鉴 2018》。

重庆绿色发展"体检"表

序号	指标名称	单位	指标属性	2017 年测评均值	2017 年重庆数值	2017 年重庆排名	2017 年数据来源
1	人均地区生产总值	元 / 人	正	61575.269	63448.408	10	中国统计
2	单位地区生产总值能耗	吨标准煤 / 万元	逆	0.714	0.491	13	中国统计
3	非化石能源消费量占能源消费量的比重		正	NA	NA	NA	
4	单位地区生产总值二氧化碳排放量		逆	NA	NA	NA	
5	单位地区生产总值二氧化硫排放量	吨 / 万元	逆	0.002	0.001	19	中国统计
6	单位地区生产总值化学需氧量排放量	吨 / 万元	逆	0.001	0.001	15	中国统计
7	单位地区生产总值氮氧化物排放量	吨 / 万元	逆	0.002	0.001	7	中国统计
8	单位地区生产总值氨氮排放量	吨 / 万元	逆	0.000	0.000	13	中国统计
9	技术市场成交额占 GDP 的比重	%	正	0.016	0.003	22	中国统计
10	人均城镇生活消费用电	千瓦时 / 人	逆	436.409	337.127	16	城市

续表

序号	指标名称	单位	指标属性	2017 年测评均值	2017 年重庆数值	2017 年重庆排名	2017 年数据来源
11	第一产业劳动生产率	万元 / 人	正	2.724	2.720	9	省（市、区）统计年鉴；统计公报等
12	土地产出率	亿元 / 千公顷	正	0.432	0.349	17	中国统计
13	节灌率	%	正	0.564	0.336	23	中国统计；环境年鉴
14	有效灌溉面积占耕地面积比重	%	正	0.537	0.293	27	中国统计；环境年鉴
15	第二产业劳动生产率	万元 / 人	正	34.949	558.349	1	省（市、区）统计年鉴；统计公报等
16	单位工业增加值水耗	立方米 / 元	逆	0.004	0.005	17	中国统计
17	规模以上单位工业增加值能耗		逆	NA	NA	NA	
18	工业固体废物综合利用率	%	正	53.912	65.333	11	中国统计
19	工业用水重复利用率	%	正	88.956	82.078	26	环境年鉴
20	六大高载能行业产值占工业总产值比重	%	逆	36.669	18.634	1	工业经济
21	第三产业劳动生产率	万元 / 人	正	15.682	12.561	11	省（市、区）统计年鉴；统计公报等
22	第三产业增加值比重	%	正	50.383	49.236	15	中国统计
23	第三产业就业人员比重	%	正	41.037	45.376	7	省（市、区）统计年鉴；统计公报等
24	人均水资源量	立方米 / 人	正	2139.680	2142.900	11	中国统计
25	人均森林面积	公顷 / 人	正	0.198	0.103	19	中国统计
26	森林覆盖率	%	正	33.061	38.430	12	中国统计
27	自然保护区面积占辖区面积比重	%	正	8.720	9.600	9	中国统计；环境年鉴
28	湿地面积占国土面积的比重	%	正	9.228	2.510	25	中国统计
29	人均活立木总蓄积量	立方米 / 人	正	11.669	5.671	16	中国统计
30	单位土地面积二氧化碳排放量		逆	NA	NA	NA	

续表

序号	指标名称	单位	指标属性	2017年测评均值	2017年重庆数值	2017年重庆排名	2017年数据来源
31	人均二氧化碳排放量		逆	NA	NA	NA	
32	单位土地面积二氧化硫排放量	吨/平方公里	逆	2.947	3.076	20	中国统计
33	人均二氧化硫排放量	吨/人	逆	0.008	0.008	22	中国统计
34	单位土地面积化学需氧量排放量	吨/平方公里	逆	4.257	3.068	16	中国统计
35	人均化学需氧量排放量	吨/人	逆	0.008	0.008	20	中国统计
36	单位土地面积氮氧化物排放量	吨/平方公里	逆	5.353	2.477	12	中国统计
37	人均氮氧化物排放量	吨/人	逆	0.010	0.007	7	中国统计
38	单位土地面积氨氮排放量	吨/平方公里	逆	0.660	0.424	20	中国统计
39	人均氨氮排放量	吨/人	逆	0.001	0.001	20	中国统计
40	单位耕地面积化肥施用量	万吨/千公顷	逆	0.047	0.040	13	中国统计
41	单位耕地面积农药使用量	吨/千公顷	逆	14.931	7.371	10	中国统计；环境年鉴
42	人均公路交通氮氧化物排放量	吨/万人	逆	46.153	35.274	13	中国统计
43	环境保护支出占财政支出比重	%	正	3.099	3.573	6	中国统计
44	环境污染治理投资总额占地区生产总值比重	%	正	1.305	1.139	17	环境年鉴
45	农村人均改厕的政府投资	元/人	正	13.797	9.386	18	环境年鉴
46	单位耕地面积退耕还林投资完成额	万元/千公顷	正	19.400	55.470	3	中国统计；环境年鉴
47	科教文卫支出占财政支出比重	%	正	28.205	25.097	21	中国统计
48	城市人均绿地面积	公顷/人	正	0.004	0.003	14	中国统计

续表

序号	指标名称	单位	指标属性	2017 年测评均值	2017 年重庆数值	2017 年重庆排名	2017 年数据来源
49	城市用水普及率	%	正	98.150	98.050	19	中国统计
50	城市污水处理率	%	正	89.895	93.710	7	环境年鉴
51	城市生活垃圾无害化处理率	%	正	96.730	99.400	13	中国统计
52	城市每万人拥有公交车辆	标台	正	14.222	11.500	24	中国统计
53	人均城市公共交通运营线路网长度	公里 / 人	正	0.001	0.000	19	中国统计
54	农村累计已改水受益人口占农村总人口比重	%	正	96.117	98.936	13	环境年鉴
55	人均互联网宽带接入端口	个 / 人	正	0.567	0.632	8	中国统计
56	建成区绿化覆盖率	%	正	39.987	40.300	14	中国统计
57	人均当年新增造林面积	公顷 / 万人	正	72.570	74.490	12	中国统计
58	工业二氧化硫去除率	%	正	81.978	83.378	16	环境年鉴
59	工业废水化学需氧量去除率	%	正	80.808	82.403	18	环境年鉴
60	工业氮氧化物去除率	%	正	36.601	44.439	5	环境年鉴
61	工业废水氨氮去除率	%	正	76.455	86.752	9	环境年鉴
62	突发环境事件次数	次	逆	10	12	21	中国统计

年鉴说明：中国统计——《中国统计年鉴 2018》；城市——《中国城市统计年鉴 2018》；环境年鉴——《中国环境统计年鉴 2018》；工业经济——《中国工业经济统计年鉴 2018》。

四川绿色发展“体检”表

序号	指标名称	单位	指标属性	2017 年测评均值	2017 年四川数值	2017 年四川排名	2017 年数据来源
1	人均地区生产总值	元 / 人	正	61575.269	44651.316	21	中国统计
2	单位地区生产总值能耗	吨标准煤 / 万元	逆	0.714	0.564	17	中国统计
3	非化石能源消费量占能源消费量的比重		正	NA	NA	NA	

续表

序号	指标名称	单位	指标属性	2017 年测评均值	2017 年四川数值	2017 年四川排名	2017 年数据来源
4	单位地区生产总值二氧化碳排放量		逆	NA	NA	NA	
5	单位地区生产总值二氧化硫排放量	吨 / 万元	逆	0.002	0.001	15	中国统计
6	单位地区生产总值化学需氧量排放量	吨 / 万元	逆	0.001	0.002	22	中国统计
7	单位地区生产总值氮氧化物排放量	吨 / 万元	逆	0.002	0.001	11	中国统计
8	单位地区生产总值氨氮排放量	吨 / 万元	逆	0.000	0.000	21	中国统计
9	技术市场成交额占 GDP 的比重	%	正	0.016	0.011	10	中国统计
10	人均城镇生活消费用电	千瓦时 / 人	逆	436.409	257.860	7	城市
11	第一产业劳动生产率	万元 / 人	正	2.724	2.355	18	省（市、区）统计年鉴；统计公报等
12	土地产出率	亿元 / 千公顷	正	0.432	0.418	10	中国统计
13	节灌率	%	正	0.564	0.593	15	中国统计；环境年鉴
14	有效灌溉面积占耕地面积比重	%	正	0.537	0.427	16	中国统计；环境年鉴
15	第二产业劳动生产率	万元 / 人	正	34.949	10.946	27	省（市、区）统计年鉴；统计公报等
16	单位工业增加值水耗	立方米 / 元	逆	0.004	0.004	16	中国统计
17	规模以上单位工业增加值能耗		逆	NA	NA	NA	
18	工业固体废物综合利用率	%	正	53.912	31.522	27	中国统计
19	工业用水重复利用率	%	正	88.956	87.211	21	环境年鉴
20	六大高载能行业产值占工业总产值比重	%	逆	36.669	27.914	10	工业经济
21	第三产业劳动生产率	万元 / 人	正	15.682	10.527	19	省（市、区）统计年鉴；统计公报等

续表

序号	指标名称	单位	指标属性	2017 年测评均值	2017 年四川数值	2017 年四川排名	2017 年数据来源
22	第三产业增加值比重	%	正	50.383	49.729	13	中国统计
23	第三产业就业人员比重	%	正	41.037	36.201	21	省（市、区）统计年鉴；统计公报等
24	人均水资源量	立方米 / 人	正	2139.680	2978.900	7	中国统计
25	人均森林面积	公顷 / 人	正	0.198	0.205	10	中国统计
26	森林覆盖率	%	正	33.061	35.220	17	中国统计
27	自然保护区面积占辖区面积比重	%	正	8.720	17.100	3	中国统计；环境年鉴
28	湿地面积占国土面积的比重	%	正	9.228	3.610	22	中国统计
29	人均活立木总蓄积量	立方米 / 人	正	11.669	21.390	5	中国统计
30	单位土地面积二氧化碳排放量		逆	NA	NA	NA	
31	人均二氧化碳排放量		逆	NA	NA	NA	
32	单位土地面积二氧化硫排放量	吨 / 平方公里	逆	2.947	2.014	17	中国统计
33	人均二氧化硫排放量	吨 / 人	逆	0.008	0.005	14	中国统计
34	单位土地面积化学需氧量排放量	吨 / 平方公里	逆	4.257	3.495	21	中国统计
35	人均化学需氧量排放量	吨 / 人	逆	0.008	0.008	18	中国统计
36	单位土地面积氮氧化物排放量	吨 / 平方公里	逆	5.353	2.369	11	中国统计
37	人均氮氧化物排放量	吨 / 人	逆	0.010	0.006	2	中国统计
38	单位土地面积氨氮排放量	吨 / 平方公里	逆	0.660	0.411	16	中国统计
39	人均氨氮排放量	吨 / 人	逆	0.001	0.001	16	中国统计
40	单位耕地面积化肥施用量	万吨 / 千公顷	逆	0.047	0.036	10	中国统计
41	单位耕地面积农药使用量	吨 / 千公顷	逆	14.931	8.290	12	中国统计；环境年鉴
42	人均公路交通氮氧化物排放量	吨 / 万人	逆	46.153	21.855	1	中国统计

续表

序号	指标名称	单位	指标属性	2017年测评均值	2017年四川数值	2017年四川排名	2017年数据来源
43	环境保护支出占财政支出比重	%	正	3.099	2.274	26	中国统计
44	环境污染治理投资总额占地区生产总值比重	%	正	1.305	0.833	22	环境年鉴
45	农村人均改厕的政府投资	元/人	正	13.797	12.956	11	环境年鉴
46	单位耕地面积退耕还林投资完成额	万元/千公顷	正	19.400	24.295	10	中国统计；环境年鉴
47	科教文卫支出占财政支出比重	%	正	28.205	28.404	17	中国统计
48	城市人均绿地面积	公顷/人	正	0.004	0.003	22	中国统计
49	城市用水普及率	%	正	98.150	94.910	29	中国统计
50	城市污水处理率	%	正	89.895	76.530	29	环境年鉴
51	城市生活垃圾无害化处理率	%	正	96.730	98.500	19	中国统计
52	城市每万人拥有公交车辆	标台	正	14.222	14.460	12	中国统计
53	人均城市公共交通运营线路网长度	公里/人	正	0.001	0.000	23	中国统计
54	农村累计已改水受益人口占农村总人口比重	%	正	96.117	95.414	19	环境年鉴
55	人均互联网宽带接入端口	个/人	正	0.567	0.568	13	中国统计
56	建成区绿化覆盖率	%	正	39.987	40.000	17	中国统计
57	人均当年新增造林面积	公顷/万人	正	72.570	79.494	11	中国统计
58	工业二氧化硫去除率	%	正	81.978	68.188	28	环境年鉴
59	工业废水化学需氧量去除率	%	正	80.808	85.094	13	环境年鉴
60	工业氮氧化物去除率	%	正	36.601	19.965	29	环境年鉴

续表

序号	指标名称	单位	指标属性	2017 年测评均值	2017 年四川数值	2017 年四川排名	2017 年数据来源
61	工业废水氨氮去除率	%	正	76.455	89.889	5	环境年鉴
62	突发环境事件次数	次	逆	10	16	26	中国统计

年鉴说明：中国统计——《中国统计年鉴 2018》；城市——《中国城市统计年鉴 2018》；环境年鉴——《中国环境统计年鉴 2018》；工业经济——《中国工业经济统计年鉴 2018》。

贵州绿色发展“体检”表

序号	指标名称	单位	指标属性	2017 年测评均值	2017 年贵州数值	2017 年贵州排名	2017 年数据来源
1	人均地区生产总值	元 / 人	正	61575.269	37956.076	28	中国统计
2	单位地区生产总值能耗	吨标准煤 / 万元	逆	0.714	0.774	21	中国统计
3	非化石能源消费量占能源消费量的比重		正	NA	NA	NA	
4	单位地区生产总值二氧化碳排放量		逆	NA	NA	NA	
5	单位地区生产总值二氧化硫排放量	吨 / 万元	逆	0.002	0.005	29	中国统计
6	单位地区生产总值化学需氧量排放量	吨 / 万元	逆	0.001	0.002	25	中国统计
7	单位地区生产总值氮氧化物排放量	吨 / 万元	逆	0.002	0.003	23	中国统计
8	单位地区生产总值氨氮排放量	吨 / 万元	逆	0.000	0.000	25	中国统计
9	技术市场成交额占 GDP 的比重	%	正	0.016	0.006	19	中国统计
10	人均城镇生活消费用电	千瓦时 / 人	逆	436.409	356.668	18	城市
11	第一产业劳动生产率	万元 / 人	正	2.724	1.798	26	省（市、区）统计年鉴；统计公报等
12	土地产出率	亿元 / 千公顷	正	0.432	0.367	16	中国统计
13	节灌率	%	正	0.564	0.299	25	中国统计；环境年鉴

续表

序号	指标名称	单位	指标属性	2017 年测评均值	2017 年贵州数值	2017 年贵州排名	2017 年数据来源
14	有效灌溉面积占耕地面积比重	%	正	0.537	0.247	30	中国统计；环境年鉴
15	第二产业劳动生产率	万元 / 人	正	34.949	15.368	17	省（市、区）统计年鉴；统计公报等
16	单位工业增加值水耗	立方米 / 元	逆	0.004	0.006	21	中国统计
17	规模以上单位工业增加值能耗		逆	NA	NA	NA	
18	工业固体废物综合利用率	%	正	53.912	49.187	14	中国统计
19	工业用水重复利用率	%	正	88.956	92.658	9	环境年鉴
20	六大高载能行业产值占工业总产值比重	%	逆	36.669	40.069	20	工业经济
21	第三产业劳动生产率	万元 / 人	正	15.682	11.695	14	省（市、区）统计年鉴；统计公报等
22	第三产业增加值比重	%	正	50.383	44.904	24	中国统计
23	第三产业就业人员比重	%	正	41.037	26.363	29	省（市、区）统计年鉴；统计公报等
24	人均水资源量	立方米 / 人	正	2139.680	2947.400	8	中国统计
25	人均森林面积	公顷 / 人	正	0.198	0.183	14	中国统计
26	森林覆盖率	%	正	33.061	37.090	15	中国统计
27	自然保护区面积占辖区面积比重	%	正	8.720	5.100	23	中国统计；环境年鉴
28	湿地面积占国土面积的比重	%	正	9.228	1.190	29	中国统计
29	人均活立木总蓄积量	立方米 / 人	正	11.669	9.605	12	中国统计
30	单位土地面积二氧化碳排放量		逆	NA	NA	NA	
31	人均二氧化碳排放量		逆	NA	NA	NA	
32	单位土地面积二氧化硫排放量	吨 / 平方公里	逆	2.947	6.685	29	中国统计
33	人均二氧化硫排放量	吨 / 人	逆	0.008	0.019	28	中国统计

续表

序号	指标名称	单位	指标属性	2017 年测评均值	2017 年贵州数值	2017 年贵州排名	2017 年数据来源
34	单位土地面积化学需氧量排放量	吨 / 平方公里	逆	4.257	2.650	13	中国统计
35	人均化学需氧量排放量	吨 / 人	逆	0.008	0.008	16	中国统计
36	单位土地面积氮氧化物排放量	吨 / 平方公里	逆	5.353	3.498	16	中国统计
37	人均氮氧化物排放量	吨 / 人	逆	0.010	0.010	20	中国统计
38	单位土地面积氨氮排放量	吨 / 平方公里	逆	0.660	0.332	11	中国统计
39	人均氨氮排放量	吨 / 人	逆	0.001	0.001	14	中国统计
40	单位耕地面积化肥施用量	万吨 / 千公顷	逆	0.047	0.021	4	中国统计
41	单位耕地面积农药使用量	吨 / 千公顷	逆	14.931	2.965	2	中国统计；环境年鉴
42	人均公路交通氮氧化物排放量	吨 / 万人	逆	46.153	28.591	6	中国统计
43	环境保护支出占财政支出比重	%	正	3.099	2.718	20	中国统计
44	环境污染治理投资总额占地区生产总值比重	%	正	1.305	1.600	8	环境年鉴
45	农村人均改厕的政府投资	元 / 人	正	13.797	41.984	3	环境年鉴
46	单位耕地面积退耕还林投资完成额	万元 / 千公顷	正	19.400	80.726	1	中国统计；环境年鉴
47	科教文卫支出占财政支出比重	%	正	28.205	32.317	4	中国统计
48	城市人均绿地面积	公顷 / 人	正	0.004	0.003	19	中国统计
49	城市用水普及率	%	正	98.150	96.540	24	中国统计
50	城市污水处理率	%	正	89.895	80.100	28	环境年鉴
51	城市生活垃圾无害化处理率	%	正	96.730	95.200	23	中国统计

续表

序号	指标名称	单位	指标属性	2017 年测评均值	2017 年贵州数值	2017 年贵州排名	2017 年数据来源
52	城市每万人拥有公交车辆	标台	正	14.222	11.020	26	中国统计
53	人均城市公共交通运营线路网长度	公里 / 人	正	0.001	0.000	24	中国统计
54	农村累计已改水受益人口占农村总人口比重	%	正	96.117	86.473	30	环境年鉴
55	人均互联网宽带接入端口	个 / 人	正	0.567	0.372	28	中国统计
56	建成区绿化覆盖率	%	正	39.987	37.000	25	中国统计
57	人均当年新增造林面积	公顷 / 万人	正	72.570	190.133	3	中国统计
58	工业二氧化硫去除率	%	正	81.978	87.691	9	环境年鉴
59	工业废水化学需氧量去除率	%	正	80.808	69.879	27	环境年鉴
60	工业氮氧化物去除率	%	正	36.601	39.615	12	环境年鉴
61	工业废水氨氮去除率	%	正	76.455	83.610	15	环境年鉴
62	突发环境事件次数	次	逆	10	11	18	中国统计

年鉴说明：中国统计——《中国统计年鉴 2018》；城市——《中国城市统计年鉴 2018》；环境年鉴——《中国环境统计年鉴 2018》；工业经济——《中国工业经济统计年鉴 2018》。

云南绿色发展“体检”表

序号	指标名称	单位	指标属性	2017 年测评均值	2017 年云南数值	2017 年云南排名	2017 年数据来源
1	人均地区生产总值	元 / 人	正	61575.269	34217.175	29	中国统计
2	单位地区生产总值能耗	吨标准煤 / 万元	逆	0.714	0.677	20	中国统计
3	非化石能源消费量占能源消费量的比重		正	NA	NA	NA	
4	单位地区生产总值二氧化碳排放量		逆	NA	NA	NA	
5	单位地区生产总值二氧化硫排放量	吨 / 万元	逆	0.002	0.002	23	中国统计

续表

序号	指标名称	单位	指标属性	2017 年测评均值	2017 年云南数值	2017 年云南排名	2017 年数据来源
6	单位地区生产总值化学需氧量排放量	吨 / 万元	逆	0.001	0.002	26	中国统计
7	单位地区生产总值氮氧化物排放量	吨 / 万元	逆	0.002	0.002	16	中国统计
8	单位地区生产总值氨氮排放量	吨 / 万元	逆	0.000	0.000	26	中国统计
9	技术市场成交额占 GDP 的比重	%	正	0.016	0.005	20	中国统计
10	人均城镇生活消费用电	千瓦时 / 人	逆	436.409	219.084	4	城市
11	第一产业劳动生产率	万元 / 人	正	2.724	1.505	29	省（市、区）统计年鉴；统计公报等
12	土地产出率	亿元 / 千公顷	正	0.432	0.292	22	中国统计
13	节灌率	%	正	0.564	0.469	19	中国统计；环境年鉴
14	有效灌溉面积占耕地面积比重	%	正	0.537	0.298	26	中国统计；环境年鉴
15	第二产业劳动生产率	万元 / 人	正	34.949	15.520	16	省（市、区）统计年鉴；统计公报等
16	单位工业增加值水耗	立方米 / 元	逆	0.004	0.006	20	中国统计
17	规模以上单位工业增加值能耗		逆	NA	NA	NA	
18	工业固体废物综合利用率	%	正	53.912	32.529	26	中国统计
19	工业用水重复利用率	%	正	88.956	88.623	18	环境年鉴
20	六大高载能行业产值占工业总产值比重	%	逆	36.669	46.158	25	工业经济
21	第三产业劳动生产率	万元 / 人	正	15.682	7.513	29	省（市、区）统计年鉴；统计公报等
22	第三产业增加值比重	%	正	50.383	47.831	17	中国统计
23	第三产业就业人员比重	%	正	41.037	35.808	23	省（市、区）统计年鉴；统计公报等
24	人均水资源量	立方米 / 人	正	2139.680	4602.400	3	中国统计

续表

序号	指标名称	单位	指标属性	2017年测评均值	2017年云南数值	2017年云南排名	2017年数据来源
25	人均森林面积	公顷 / 人	正	0.198	0.399	4	中国统计
26	森林覆盖率	%	正	33.061	50.030	7	中国统计
27	自然保护区面积占辖区面积比重	%	正	8.720	7.300	13	中国统计；环境年鉴
28	湿地面积占国土面积的比重	%	正	9.228	1.430	28	中国统计
29	人均活立木总蓄积量	立方米 / 人	正	11.669	39.057	3	中国统计
30	单位土地面积二氧化碳排放量		逆	NA	NA	NA	
31	人均二氧化碳排放量		逆	NA	NA	NA	
32	单位土地面积二氧化硫排放量	吨 / 平方公里	逆	2.947	1.946	16	中国统计
33	人均二氧化硫排放量	吨 / 人	逆	0.008	0.008	20	中国统计
34	单位土地面积化学需氧量排放量	吨 / 平方公里	逆	4.257	1.674	8	中国统计
35	人均化学需氧量排放量	吨 / 人	逆	0.008	0.007	14	中国统计
36	单位土地面积氮氧化物排放量	吨 / 平方公里	逆	5.353	1.361	4	中国统计
37	人均氮氧化物排放量	吨 / 人	逆	0.010	0.006	3	中国统计
38	单位土地面积氨氮排放量	吨 / 平方公里	逆	0.660	0.210	9	中国统计
39	人均氨氮排放量	吨 / 人	逆	0.001	0.001	8	中国统计
40	单位耕地面积化肥施用量	万吨 / 千公顷	逆	0.047	0.037	11	中国统计
41	单位耕地面积农药使用量	吨 / 千公顷	逆	14.931	9.282	13	中国统计；环境年鉴
42	人均公路交通氮氧化物排放量	吨 / 万人	逆	46.153	39.283	16	中国统计
43	环境保护支出占财政支出比重	%	正	3.099	3.142	12	中国统计
44	环境污染治理投资总额占地区生产总值比重	%	正	1.305	0.863	21	环境年鉴

续表

序号	指标名称	单位	指标属性	2017 年测评均值	2017 年云南数值	2017 年云南排名	2017 年数据来源
45	农村人均改厕的政府投资	元 / 人	正	13.797	19.635	6	环境年鉴
46	单位耕地面积退耕还林投资完成额	万元 / 千公顷	正	19.400	35.059	6	中国统计；环境年鉴
47	科教文卫支出占财政支出比重	%	正	28.205	29.232	14	中国统计
48	城市人均绿地面积	公顷 / 人	正	0.004	0.002	29	中国统计
49	城市用水普及率	%	正	98.150	96.710	23	中国统计
50	城市污水处理率	%	正	89.895	87.340	23	环境年鉴
51	城市生活垃圾无害化处理率	%	正	96.730	92.700	27	中国统计
52	城市每万人拥有公交车辆	标台	正	14.222	13.600	18	中国统计
53	人均城市公共交通运营线路网长度	公里 / 人	正	0.001	0.001	12	中国统计
54	农村累计已改水受益人口占农村总人口比重	%	正	96.117	90.767	28	环境年鉴
55	人均互联网宽带接入端口	个 / 人	正	0.567	0.347	30	中国统计
56	建成区绿化覆盖率	%	正	39.987	38.900	23	中国统计
57	人均当年新增造林面积	公顷 / 万人	正	72.570	80.894	10	中国统计
58	工业二氧化硫去除率	%	正	81.978	76.378	23	环境年鉴
59	工业废水化学需氧量去除率	%	正	80.808	73.057	26	环境年鉴
60	工业氮氧化物去除率	%	正	36.601	25.969	27	环境年鉴
61	工业废水氨氮去除率	%	正	76.455	89.987	4	环境年鉴
62	突发环境事件次数	次	逆	10	4	8	中国统计

年鉴说明：中国统计——《中国统计年鉴 2018》；城市——《中国城市统计年鉴 2018》；环境年鉴——《中国环境统计年鉴 2018》；工业经济——《中国工业经济统计年鉴 2018》。

陕西绿色发展“体检”表

序号	指标名称	单位	指标属性	2017年测评均值	2017年陕西数值	2017年陕西排名	2017年数据来源
1	人均地区生产总值	元/人	正	61575.269	57266.763	12	中国统计
2	单位地区生产总值能耗	吨标准煤/万元	逆	0.714	0.572	19	中国统计
3	非化石能源消费量占能源消费量的比重		正	NA	NA	NA	
4	单位地区生产总值二氧化碳排放量		逆	NA	NA	NA	
5	单位地区生产总值二氧化硫排放量	吨/万元	逆	0.002	0.001	18	中国统计
6	单位地区生产总值化学需氧量排放量	吨/万元	逆	0.001	0.001	7	中国统计
7	单位地区生产总值氮氧化物排放量	吨/万元	逆	0.002	0.002	14	中国统计
8	单位地区生产总值氨氮排放量	吨/万元	逆	0.000	0.000	7	中国统计
9	技术市场成交额占GDP的比重	%	正	0.016	0.042	2	中国统计
10	人均城镇生活消费用电	千瓦时/人	逆	436.409	341.948	17	城市
11	第一产业劳动生产率	万元/人	正	2.724	2.203	20	省（市、区）统计年鉴；统计公报等
12	土地产出率	亿元/千公顷	正	0.432	0.516	6	中国统计
13	节灌率	%	正	0.564	0.737	9	中国统计；环境年鉴
14	有效灌溉面积占耕地面积比重	%	正	0.537	0.317	25	中国统计；环境年鉴
15	第二产业劳动生产率	万元/人	正	34.949	31.775	2	省（市、区）统计年鉴；统计公报等
16	单位工业增加值水耗	立方米/元	逆	0.004	0.002	5	中国统计
17	规模以上单位工业增加值能耗		逆	NA	NA	NA	
18	工业固体废物综合利用率	%	正	53.912	33.640	23	中国统计

续表

序号	指标名称	单位	指标属性	2017 年测评均值	2017 年陕西数值	2017 年陕西排名	2017 年数据来源
19	工业用水重复利用率	%	正	88.956	91.326	12	环境年鉴
20	六大高载能行业产值占工业总产值比重	%	逆	36.669	34.013	17	工业经济
21	第三产业劳动生产率	万元 / 人	正	15.682	13.722	9	省（市、区）统计年鉴；统计公报等
22	第三产业增加值比重	%	正	50.383	42.352	30	中国统计
23	第三产业就业人员比重	%	正	41.037	33.687	25	省（市、区）统计年鉴；统计公报等
24	人均水资源量	立方米 / 人	正	2139.680	1174.500	19	中国统计
25	人均森林面积	公顷 / 人	正	0.198	0.222	8	中国统计
26	森林覆盖率	%	正	33.061	41.420	10	中国统计
27	自然保护区面积占辖区面积比重	%	正	8.720	5.500	20	中国统计；环境年鉴
28	湿地面积占国土面积的比重	%	正	9.228	1.500	27	中国统计
29	人均活立木总蓄积量	立方米 / 人	正	11.669	11.060	9	中国统计
30	单位土地面积二氧化碳排放量		逆	NA	NA	NA	
31	人均二氧化碳排放量		逆	NA	NA	NA	
32	单位土地面积二氧化硫排放量	吨 / 平方公里	逆	2.947	1.355	10	中国统计
33	人均二氧化硫排放量	吨 / 人	逆	0.008	0.007	17	中国统计
34	单位土地面积化学需氧量排放量	吨 / 平方公里	逆	4.257	0.953	4	中国统计
35	人均化学需氧量排放量	吨 / 人	逆	0.008	0.005	4	中国统计
36	单位土地面积氮氧化物排放量	吨 / 平方公里	逆	5.353	1.648	6	中国统计
37	人均氮氧化物排放量	吨 / 人	逆	0.010	0.009	17	中国统计
38	单位土地面积氨氮排放量	吨 / 平方公里	逆	0.660	0.129	5	中国统计
39	人均氨氮排放量	吨 / 人	逆	0.001	0.001	3	中国统计

续表

序号	指标名称	单位	指标属性	2017 年测评均值	2017 年陕西数值	2017 年陕西排名	2017 年数据来源
40	单位耕地面积化肥施用量	万吨 / 千公顷	逆	0.047	0.058	22	中国统计
41	单位耕地面积农药使用量	吨 / 千公顷	逆	14.931	3.348	4	中国统计；环境年鉴
42	人均公路交通氮氧化物排放量	吨 / 万人	逆	46.153	41.582	18	中国统计
43	环境保护支出占财政支出比重	%	正	3.099	3.363	8	中国统计
44	环境污染治理投资总额占地区生产总值比重	%	正	1.305	1.436	11	环境年鉴
45	农村人均改厕的政府投资	元 / 人	正	13.797	7.123	19	环境年鉴
46	单位耕地面积退耕还林投资完成额	万元 / 千公顷	正	19.400	39.191	5	中国统计；环境年鉴
47	科教文卫支出占财政支出比重	%	正	28.205	29.956	13	中国统计
48	城市人均绿地面积	公顷 / 人	正	0.004	0.003	13	中国统计
49	城市用水普及率	%	正	98.150	95.950	26	中国统计
50	城市污水处理率	%	正	89.895	87.820	21	环境年鉴
51	城市生活垃圾无害化处理率	%	正	96.730	99.000	18	中国统计
52	城市每万人拥有公交车辆	标台	正	14.222	15.630	7	中国统计
53	人均城市公共交通运营线路网长度	公里 / 人	正	0.001	0.000	26	中国统计
54	农村累计已改水受益人口占农村总人口比重	%	正	96.117	91.233	26	环境年鉴
55	人均互联网宽带接入端口	个 / 人	正	0.567	0.521	17	中国统计
56	建成区绿化覆盖率	%	正	39.987	39.900	19	中国统计

续表

序号	指标名称	单位	指标属性	2017 年测评均值	2017 年陕西数值	2017 年陕西排名	2017 年数据来源
57	人均当年新增造林面积	公顷 / 万人	正	72.570	87.549	7	中国统计
58	工业二氧化硫去除率	%	正	81.978	81.422	19	环境年鉴
59	工业废水化学需氧量去除率	%	正	80.808	76.634	22	环境年鉴
60	工业氮氧化物去除率	%	正	36.601	42.366	6	环境年鉴
61	工业废水氨氮去除率	%	正	76.455	77.157	21	环境年鉴
62	突发环境事件次数	次	逆	10	32	29	中国统计

年鉴说明：中国统计——《中国统计年鉴 2018》；城市——《中国城市统计年鉴 2018》；环境年鉴——《中国环境统计年鉴 2018》；工业经济——《中国工业经济统计年鉴 2018》。

甘肃绿色发展“体检”表

序号	指标名称	单位	指标属性	2017 年测评均值	2017 年甘肃数值	2017 年甘肃排名	2017 年数据来源
1	人均地区生产总值	元 / 人	正	61575.269	28494.652	30	中国统计
2	单位地区生产总值能耗	吨标准煤 / 万元	逆	0.714	1.010	25	中国统计
3	非化石能源消费量占能源消费量的比重		正	NA	NA	NA	
4	单位地区生产总值二氧化碳排放量		逆	NA	NA	NA	
5	单位地区生产总值二氧化硫排放量	吨 / 万元	逆	0.002	0.003	25	中国统计
6	单位地区生产总值化学需氧量排放量	吨 / 万元	逆	0.001	0.002	21	中国统计
7	单位地区生产总值氮氧化物排放量	吨 / 万元	逆	0.002	0.003	25	中国统计
8	单位地区生产总值氨氮排放量	吨 / 万元	逆	0.000	0.000	28	中国统计
9	技术市场成交额占 GDP 的比重	%	正	0.016	0.022	7	中国统计
10	人均城镇生活消费用电	千瓦时 / 人	逆	436.409	193.239	2	城市

续表

序号	指标名称	单位	指标属性	2017年测评均值	2017年甘肃数值	2017年甘肃排名	2017年数据来源
11	第一产业劳动生产率	万元/人	正	2.724	1.000	30	省（市、区）统计年鉴；统计公报等
12	土地产出率	亿元/千公顷	正	0.432	0.285	23	中国统计
13	节灌率	%	正	0.564	0.767	5	中国统计；环境年鉴
14	有效灌溉面积占耕地面积比重	%	正	0.537	0.248	29	中国统计；环境年鉴
15	第二产业劳动生产率	万元/人	正	34.949	10.439	28	省（市、区）统计年鉴；统计公报等
16	单位工业增加值水耗	立方米/元	逆	0.004	0.006	22	中国统计
17	规模以上单位工业增加值能耗		逆	NA	NA	NA	
18	工业固体废物综合利用率	%	正	53.912	38.949	18	中国统计
19	工业用水重复利用率	%	正	88.956	83.454	25	环境年鉴
20	六大高载能行业产值占工业总产值比重	%	逆	36.669	59.828	29	工业经济
21	第三产业劳动生产率	万元/人	正	15.682	9.048	24	省（市、区）统计年鉴；统计公报等
22	第三产业增加值比重	%	正	50.383	54.134	6	中国统计
23	第三产业就业人员比重	%	正	41.037	29.420	28	省（市、区）统计年鉴；统计公报等
24	人均水资源量	立方米/人	正	2139.680	912.500	20	中国统计
25	人均森林面积	公顷/人	正	0.198	0.193	13	中国统计
26	森林覆盖率	%	正	33.061	11.280	26	中国统计
27	自然保护区面积占辖区面积比重	%	正	8.720	20.800	2	中国统计；环境年鉴
28	湿地面积占国土面积的比重	%	正	9.228	3.730	21	中国统计
29	人均活立木总蓄积量	立方米/人	正	11.669	9.160	13	中国统计
30	单位土地面积二氧化碳排放量		逆	NA	NA	NA	

续表

序号	指标名称	单位	指标属性	2017 年测评均值	2017 年甘肃数值	2017 年甘肃排名	2017 年数据来源
31	人均二氧化碳排放量		逆	NA	NA	NA	
32	单位土地面积二氧化硫排放量	吨 / 平方公里	逆	2.947	0.623	1	中国统计
33	人均二氧化硫排放量	吨 / 人	逆	0.008	0.010	24	中国统计
34	单位土地面积化学需氧量排放量	吨 / 平方公里	逆	4.257	0.319	2	中国统计
35	人均化学需氧量排放量	吨 / 人	逆	0.008	0.005	3	中国统计
36	单位土地面积氮氧化物排放量	吨 / 平方公里	逆	5.353	0.512	1	中国统计
37	人均氮氧化物排放量	吨 / 人	逆	0.010	0.008	16	中国统计
38	单位土地面积氨氮排放量	吨 / 平方公里	逆	0.660	0.047	2	中国统计
39	人均氨氮排放量	吨 / 人	逆	0.001	0.001	4	中国统计
40	单位耕地面积化肥施用量	万吨 / 千公顷	逆	0.047	0.016	2	中国统计
41	单位耕地面积农药使用量	吨 / 千公顷	逆	14.931	9.670	14	中国统计；环境年鉴
42	人均公路交通氮氧化物排放量	吨 / 万人	逆	46.153	47.747	20	中国统计
43	环境保护支出占财政支出比重	%	正	3.099	3.093	13	中国统计
44	环境污染治理投资总额占地区生产总值比重	%	正	1.305	1.163	16	环境年鉴
45	农村人均改厕的政府投资	元 / 人	正	13.797	11.114	13	环境年鉴
46	单位耕地面积退耕还林投资完成额	万元 / 千公顷	正	19.400	27.399	9	中国统计；环境年鉴
47	科教文卫支出占财政支出比重	%	正	28.205	28.659	16	中国统计
48	城市人均绿地面积	公顷 / 人	正	0.004	0.002	25	中国统计

续表

序号	指标名称	单位	指标属性	2017 年测评均值	2017 年甘肃数值	2017 年甘肃排名	2017 年数据来源
49	城市用水普及率	%	正	98.150	98.810	13	中国统计
50	城市污水处理率	%	正	89.895	89.510	17	环境年鉴
51	城市生活垃圾无害化处理率	%	正	96.730	98.400	20	中国统计
52	城市每万人拥有公交车辆	标台	正	14.222	10.520	29	中国统计
53	人均城市公共交通运营线路网长度	公里 / 人	正	0.001	0.000	25	中国统计
54	农村累计已改水受益人口占农村总人口比重	%	正	96.117	97.606	15	环境年鉴
55	人均互联网宽带接入端口	个 / 人	正	0.567	0.420	27	中国统计
56	建成区绿化覆盖率	%	正	39.987	33.300	29	中国统计
57	人均当年新增造林面积	公顷 / 万人	正	72.570	124.305	4	中国统计
58	工业二氧化硫去除率	%	正	81.978	87.822	8	环境年鉴
59	工业废水化学需氧量去除率	%	正	80.808	57.302	29	环境年鉴
60	工业氮氧化物去除率	%	正	36.601	35.825	19	环境年鉴
61	工业废水氨氮去除率	%	正	76.455	29.341	30	环境年鉴
62	突发环境事件次数	次	逆	10	5	11	中国统计

年鉴说明：中国统计——《中国统计年鉴 2018》；城市——《中国城市统计年鉴 2018》；环境年鉴——《中国环境统计年鉴 2018》；工业经济——《中国工业经济统计年鉴 2018》。

青海绿色发展"体检"表

序号	指标名称	单位	指标属性	2017 年测评均值	2017 年青海数值	2017 年青海排名	2017 年数据来源
1	人均地区生产总值	元 / 人	正	61575.269	44077.750	22	中国统计
2	单位地区生产总值能耗	吨标准煤 / 万元	逆	0.714	1.601	29	中国统计
3	非化石能源消费量占能源消费量的比重		正	NA	NA	NA	
4	单位地区生产总值二氧化碳排放量		逆	NA	NA	NA	
5	单位地区生产总值二氧化硫排放量	吨 / 万元	逆	0.002	0.004	26	中国统计
6	单位地区生产总值化学需氧量排放量	吨 / 万元	逆	0.001	0.002	27	中国统计
7	单位地区生产总值氮氧化物排放量	吨 / 万元	逆	0.002	0.003	24	中国统计
8	单位地区生产总值氨氮排放量	吨 / 万元	逆	0.000	0.000	30	中国统计
9	技术市场成交额占 GDP 的比重	%	正	0.016	0.026	6	中国统计
10	人均城镇生活消费用电	千瓦时 / 人	逆	436.409	300.291	13	城市
11	第一产业劳动生产率	万元 / 人	正	2.724	2.074	22	省（市、区）统计年鉴；统计公报等
12	土地产出率	亿元 / 千公顷	正	0.432	0.292	21	中国统计
13	节灌率	%	正	0.564	0.558	17	中国统计；环境年鉴
14	有效灌溉面积占耕地面积比重	%	正	0.537	0.350	22	中国统计；环境年鉴
15	第二产业劳动生产率	万元 / 人	正	34.949	15.770	15	省（市、区）统计年鉴；统计公报等
16	单位工业增加值水耗	立方米 / 元	逆	0.004	0.003	13	中国统计
17	规模以上单位工业增加值能耗		逆	NA	NA	NA	
18	工业固体废物综合利用率	%	正	53.912	35.148	21	中国统计

续表

序号	指标名称	单位	指标属性	2017 年测评均值	2017 年青海数值	2017 年青海排名	2017 年数据来源
19	工业用水重复利用率	%	正	88.956	87.982	20	环境年鉴
20	六大高载能行业产值占工业总产值比重	%	逆	36.669	68.963	30	工业经济
21	第三产业劳动生产率	万元 / 人	正	15.682	8.938	26	省（市、区）统计年鉴；统计公报等
22	第三产业增加值比重	%	正	50.383	46.632	19	中国统计
23	第三产业就业人员比重	%	正	41.037	42.481	12	省（市、区）统计年鉴；统计公报等
24	人均水资源量	立方米 / 人	正	2139.680	13188.900	1	中国统计
25	人均森林面积	公顷 / 人	正	0.198	0.680	2	中国统计
26	森林覆盖率	%	正	33.061	5.630	29	中国统计
27	自然保护区面积占辖区面积比重	%	正	8.720	30.100	1	中国统计；环境年鉴
28	湿地面积占国土面积的比重	%	正	9.228	11.270	5	中国统计
29	人均活立木总蓄积量	立方米 / 人	正	11.669	8.168	14	中国统计
30	单位土地面积二氧化碳排放量		逆	NA	NA	NA	
31	人均二氧化碳排放量		逆	NA	NA	NA	
32	单位土地面积二氧化硫排放量	吨 / 平方公里	逆	2.947	4.529	26	中国统计
33	人均二氧化硫排放量	吨 / 人	逆	0.008	0.016	25	中国统计
34	单位土地面积化学需氧量排放量	吨 / 平方公里	逆	4.257	2.819	14	中国统计
35	人均化学需氧量排放量	吨 / 人	逆	0.008	0.010	27	中国统计
36	单位土地面积氮氧化物排放量	吨 / 平方公里	逆	5.353	3.544	18	中国统计
37	人均氮氧化物排放量	吨 / 人	逆	0.010	0.012	24	中国统计
38	单位土地面积氨氮排放量	吨 / 平方公里	逆	0.660	0.412	18	中国统计
39	人均氨氮排放量	吨 / 人	逆	0.001	0.001	29	中国统计

续表

序号	指标名称	单位	指标属性	2017 年测评均值	2017 年青海数值	2017 年青海排名	2017 年数据来源
40	单位耕地面积化肥施用量	万吨 / 千公顷	逆	0.047	0.015	1	中国统计
41	单位耕地面积农药使用量	吨 / 千公顷	逆	14.931	3.177	3	中国统计；环境年鉴
42	人均公路交通氮氧化物排放量	吨 / 万人	逆	46.153	48.680	21	中国统计
43	环境保护支出占财政支出比重	%	正	3.099	3.981	5	中国统计
44	环境污染治理投资总额占地区生产总值比重	%	正	1.305	1.555	9	环境年鉴
45	农村人均改厕的政府投资	元 / 人	正	13.797	2.313	27	环境年鉴
46	单位耕地面积退耕还林投资完成额	万元 / 千公顷	正	19.400	49.307	4	中国统计；环境年鉴
47	科教文卫支出占财政支出比重	%	正	28.205	23.669	26	中国统计
48	城市人均绿地面积	公顷 / 人	正	0.004	0.002	28	中国统计
49	城市用水普及率	%	正	98.150	98.930	12	中国统计
50	城市污水处理率	%	正	89.895	73.980	30	环境年鉴
51	城市生活垃圾无害化处理率	%	正	96.730	94.800	25	中国统计
52	城市每万人拥有公交车辆	标台	正	14.222	14.370	14	中国统计
53	人均城市公共交通运营线路网长度	公里 / 人	正	0.001	0.001	11	中国统计
54	农村累计已改水受益人口占农村总人口比重	%	正	96.117	91.490	25	环境年鉴
55	人均互联网宽带接入端口	个 / 人	正	0.567	0.521	16	中国统计
56	建成区绿化覆盖率	%	正	39.987	32.600	30	中国统计

续表

序号	指标名称	单位	指标属性	2017年测评均值	2017年青海数值	2017年青海排名	2017年数据来源
57	人均当年新增造林面积	公顷 / 万人	正	72.570	333.852	1	中国统计
58	工业二氧化硫去除率	%	正	81.978	54.176	30	环境年鉴
59	工业废水化学需氧量去除率	%	正	80.808	46.734	30	环境年鉴
60	工业氮氧化物去除率	%	正	36.601	18.505	30	环境年鉴
61	工业废水氨氮去除率	%	正	76.455	45.516	29	环境年鉴
62	突发环境事件次数	次	逆	10	3	4	中国统计

年鉴说明：中国统计——《中国统计年鉴 2018》；城市——《中国城市统计年鉴 2018》；环境年鉴——《中国环境统计年鉴 2018》；工业经济——《中国工业经济统计年鉴 2018》。

宁夏绿色发展“体检”表

序号	指标名称	单位	指标属性	2017年测评均值	2017年宁夏数值	2017年宁夏排名	2017年数据来源
1	人均地区生产总值	元 / 人	正	61575.269	50752.542	15	中国统计
2	单位地区生产总值能耗	吨标准煤 / 万元	逆	0.714	1.884	30	中国统计
3	非化石能源消费量占能源消费量的比重		正	NA	NA	NA	
4	单位地区生产总值二氧化碳排放量		逆	NA	NA	NA	
5	单位地区生产总值二氧化硫排放量	吨 / 万元	逆	0.002	0.006	30	中国统计
6	单位地区生产总值化学需氧量排放量	吨 / 万元	逆	0.001	0.003	30	中国统计
7	单位地区生产总值氮氧化物排放量	吨 / 万元	逆	0.002	0.005	30	中国统计
8	单位地区生产总值氨氮排放量	吨 / 万元	逆	0.000	0.000	14	中国统计
9	技术市场成交额占GDP的比重	%	正	0.016	0.002	26	中国统计

续表

序号	指标名称	单位	指标属性	2017 年测评均值	2017 年宁夏数值	2017 年宁夏排名	2017 年数据来源
10	人均城镇生活消费用电	千瓦时 / 人	逆	436.409	189.939	1	城市
11	第一产业劳动生产率	万元 / 人	正	2.724	1.602	28	省（市、区）统计年鉴；统计公报等
12	土地产出率	亿元 / 千公顷	正	0.432	0.273	24	中国统计
13	节灌率	%	正	0.564	0.702	10	中国统计；环境年鉴
14	有效灌溉面积占耕地面积比重	%	正	0.537	0.397	18	中国统计；环境年鉴
15	第二产业劳动生产率	万元 / 人	正	34.949	24.131	5	省（市、区）统计年鉴；统计公报等
16	单位工业增加值水耗	立方米 / 元	逆	0.004	0.004	15	中国统计
17	规模以上单位工业增加值能耗		逆	NA	NA	NA	
18	工业固体废物综合利用率	%	正	53.912	34.718	22	中国统计
19	工业用水重复利用率	%	正	88.956	94.435	4	环境年鉴
20	六大高载能行业产值占工业总产值比重	%	逆	36.669	58.166	27	工业经济
21	第三产业劳动生产率	万元 / 人	正	15.682	10.706	16	省（市、区）统计年鉴；统计公报等
22	第三产业增加值比重	%	正	50.383	46.823	18	中国统计
23	第三产业就业人员比重	%	正	41.037	41.128	15	省（市、区）统计年鉴；统计公报等
24	人均水资源量	立方米 / 人	正	2139.680	159.200	27	中国统计
25	人均森林面积	公顷 / 人	正	0.198	0.091	20	中国统计
26	森林覆盖率	%	正	33.061	11.890	25	中国统计
27	自然保护区面积占辖区面积比重	%	正	8.720	8.000	11	中国统计；环境年鉴
28	湿地面积占国土面积的比重	%	正	9.228	4.000	19	中国统计
29	人均活立木总蓄积量	立方米 / 人	正	11.669	1.279	25	中国统计

续表

序号	指标名称	单位	指标属性	2017 年测评均值	2017 年宁夏数值	2017 年宁夏排名	2017 年数据来源
30	单位土地面积二氧化碳排放量		逆	NA	NA	NA	
31	人均二氧化碳排放量		逆	NA	NA	NA	
32	单位土地面积二氧化硫排放量	吨 / 平方公里	逆	2.947	3.369	22	中国统计
33	人均二氧化硫排放量	吨 / 人	逆	0.008	0.031	30	中国统计
34	单位土地面积化学需氧量排放量	吨 / 平方公里	逆	4.257	1.627	7	中国统计
35	人均化学需氧量排放量	吨 / 人	逆	0.008	0.015	30	中国统计
36	单位土地面积氮氧化物排放量	吨 / 平方公里	逆	5.353	2.626	14	中国统计
37	人均氮氧化物排放量	吨 / 人	逆	0.010	0.024	30	中国统计
38	单位土地面积氨氮排放量	吨 / 平方公里	逆	0.660	0.106	4	中国统计
39	人均氨氮排放量	吨 / 人	逆	0.001	0.001	15	中国统计
40	单位耕地面积化肥施用量	万吨 / 千公顷	逆	0.047	0.032	8	中国统计
41	单位耕地面积农药使用量	吨 / 千公顷	逆	14.931	1.969	1	中国统计；环境年鉴
42	人均公路交通氮氧化物排放量	吨 / 万人	逆	46.153	100.228	29	中国统计
43	环境保护支出占财政支出比重	%	正	3.099	4.197	3	中国统计
44	环境污染治理投资总额占地区生产总值比重	%	正	1.305	2.444	3	环境年鉴
45	农村人均改厕的政府投资	元 / 人	正	13.797	15.210	10	环境年鉴
46	单位耕地面积退耕还林投资完成额	万元 / 千公顷	正	19.400	33.218	7	中国统计；环境年鉴
47	科教文卫支出占财政支出比重	%	正	28.205	23.092	28	中国统计

续表

序号	指标名称	单位	指标属性	2017 年测评均值	2017 年宁夏数值	2017 年宁夏排名	2017 年数据来源
48	城市人均绿地面积	公顷 / 人	正	0.004	0.007	1	中国统计
49	城市用水普及率	%	正	98.150	95.660	28	中国统计
50	城市污水处理率	%	正	89.895	92.770	13	环境年鉴
51	城市生活垃圾无害化处理率	%	正	96.730	99.100	16	中国统计
52	城市每万人拥有公交车辆	标台	正	14.222	15.260	10	中国统计
53	人均城市公共交通运营线路网长度	公里 / 人	正	0.001	0.001	9	中国统计
54	农村累计已改水受益人口占农村总人口比重	%	正	96.117	95.104	20	环境年鉴
55	人均互联网宽带接入端口	个 / 人	正	0.567	0.612	10	中国统计
56	建成区绿化覆盖率	%	正	39.987	40.400	12	中国统计
57	人均当年新增造林面积	公顷 / 万人	正	72.570	115.310	6	中国统计
58	工业二氧化硫去除率	%	正	81.978	81.012	20	环境年鉴
59	工业废水化学需氧量去除率	%	正	80.808	73.175	25	环境年鉴
60	工业氮氧化物去除率	%	正	36.601	28.312	24	环境年鉴
61	工业废水氨氮去除率	%	正	76.455	90.251	3	环境年鉴
62	突发环境事件次数	次	逆	10	11	18	中国统计

年鉴说明：中国统计——《中国统计年鉴 2018》；城市——《中国城市统计年鉴 2018》；环境年鉴——《中国环境统计年鉴 2018》；工业经济——《中国工业经济统计年鉴 2018》。

新疆绿色发展“体检”表

序号	指标名称	单位	指标属性	2017年测评均值	2017年新疆数值	2017年新疆排名	2017年数据来源
1	人均地区生产总值	元/人	正	61575.269	44938.922	20	中国统计
2	单位地区生产总值能耗	吨标准煤/万元	逆	0.714	1.598	28	中国统计
3	非化石能源消费量占能源消费量的比重		正	NA	NA	NA	
4	单位地区生产总值二氧化碳排放量		逆	NA	NA	NA	
5	单位地区生产总值二氧化硫排放量	吨/万元	逆	0.002	0.004	28	中国统计
6	单位地区生产总值化学需氧量排放量	吨/万元	逆	0.001	0.002	23	中国统计
7	单位地区生产总值氮氧化物排放量	吨/万元	逆	0.002	0.004	29	中国统计
8	单位地区生产总值氨氮排放量	吨/万元	逆	0.000	0.000	18	中国统计
9	技术市场成交额占GDP的比重	%	正	0.016	0.001	30	中国统计
10	人均城镇生活消费用电	千瓦时/人	逆	436.409	624.275	27	城市
11	第一产业劳动生产率	万元/人	正	2.724	2.864	7	省（市、区）统计年鉴；统计公报等
12	土地产出率	亿元/千公顷	正	0.432	0.393	13	中国统计
13	节灌率	%	正	0.564	0.807	3	中国统计；环境年鉴
14	有效灌溉面积占耕地面积比重	%	正	0.537	0.945	2	中国统计；环境年鉴
15	第二产业劳动生产率	万元/人	正	34.949	23.414	6	省（市、区）统计年鉴；统计公报等
16	单位工业增加值水耗	立方米/元	逆	0.004	0.004	14	中国统计
17	规模以上单位工业增加值能耗		逆	NA	NA	NA	
18	工业固体废物综合利用率	%	正	53.912	32.996	24	中国统计

续表

序号	指标名称	单位	指标属性	2017 年测评均值	2017 年新疆数值	2017 年新疆排名	2017 年数据来源
19	工业用水重复利用率	%	正	88.956	89.025	17	环境年鉴
20	六大高载能行业产值占工业总产值比重	%	逆	36.669	56.295	26	工业经济
21	第三产业劳动生产率	万元 / 人	正	15.682	8.951	25	省（市、区）统计年鉴；统计公报等
22	第三产业增加值比重	%	正	50.383	45.941	21	中国统计
23	第三产业就业人员比重	%	正	41.037	44.697	8	省（市、区）统计年鉴；统计公报等
24	人均水资源量	立方米 / 人	正	2139.680	4206.400	4	中国统计
25	人均森林面积	公顷 / 人	正	0.198	0.286	5	中国统计
26	森林覆盖率	%	正	33.061	4.240	30	中国统计
27	自然保护区面积占辖区面积比重	%	正	8.720	11.800	7	中国统计；环境年鉴
28	湿地面积占国土面积的比重	%	正	9.228	2.380	26	中国统计
29	人均活立木总蓄积量	立方米 / 人	正	11.669	15.820	7	中国统计
30	单位土地面积二氧化碳排放量		逆	NA	NA	NA	
31	人均二氧化碳排放量		逆	NA	NA	NA	
32	单位土地面积二氧化硫排放量	吨 / 平方公里	逆	2.947	19.430	30	中国统计
33	人均二氧化硫排放量	吨 / 人	逆	0.008	0.017	27	中国统计
34	单位土地面积化学需氧量排放量	吨 / 平方公里	逆	4.257	9.232	28	中国统计
35	人均化学需氧量排放量	吨 / 人	逆	0.008	0.008	19	中国统计
36	单位土地面积氮氧化物排放量	吨 / 平方公里	逆	5.353	18.046	29	中国统计
37	人均氮氧化物排放量	吨 / 人	逆	0.010	0.016	28	中国统计
38	单位土地面积氨氮排放量	吨 / 平方公里	逆	0.660	1.055	27	中国统计
39	人均氨氮排放量	吨 / 人	逆	0.001	0.001	12	中国统计

续表

序号	指标名称	单位	指标属性	2017年测评均值	2017年新疆数值	2017年新疆排名	2017年数据来源
40	单位耕地面积化肥施用量	万吨/千公顷	逆	0.047	0.048	18	中国统计
41	单位耕地面积农药使用量	吨/千公顷	逆	14.931	5.281	7	中国统计；环境年鉴
42	人均公路交通氮氧化物排放量	吨/万人	逆	46.153	120.997	30	中国统计
43	环境保护支出占财政支出比重	%	正	3.099	1.179	30	中国统计
44	环境污染治理投资总额占地区生产总值比重	%	正	1.305	3.530	1	环境年鉴
45	农村人均改厕的政府投资	元/人	正	13.797	10.895	15	环境年鉴
46	单位耕地面积退耕还林投资完成额	万元/千公顷	正	19.400	31.177	8	中国统计；环境年鉴
47	科教文卫支出占财政支出比重	%	正	28.205	23.991	25	中国统计
48	城市人均绿地面积	公顷/人	正	0.004	0.006	4	中国统计
49	城市用水普及率	%	正	98.150	98.750	14	中国统计
50	城市污水处理率	%	正	89.895	87.050	25	环境年鉴
51	城市生活垃圾无害化处理率	%	正	96.730	88.600	28	中国统计
52	城市每万人拥有公交车辆	标台	正	14.222	14.580	11	中国统计
53	人均城市公共交通运营线路网长度	公里/人	正	0.001	0.002	1	中国统计
54	农村累计已改水受益人口占农村总人口比重	%	正	96.117	96.748	17	环境年鉴
55	人均互联网宽带接入端口	个/人	正	0.567	0.581	12	中国统计
56	建成区绿化覆盖率	%	正	39.987	40.000	17	中国统计

续表

序号	指标名称	单位	指标属性	2017 年测评均值	2017 年新疆数值	2017 年新疆排名	2017 年数据来源
57	人均当年新增造林面积	公顷 / 万人	正	72.570	116.615	5	中国统计
58	工业二氧化硫去除率	%	正	81.978	84.261	15	环境年鉴
59	工业废水化学需氧量去除率	%	正	80.808	65.184	28	环境年鉴
60	工业氮氧化物去除率	%	正	36.601	38.100	16	环境年鉴
61	工业废水氨氮去除率	%	正	76.455	71.139	22	环境年鉴
62	突发环境事件次数	次	逆	10	8	14	中国统计

年鉴说明：中国统计——《中国统计年鉴 2018》；城市——《中国城市统计年鉴 2018》；环境年鉴——《中国环境统计年鉴 2018》；工业经济——《中国工业经济统计年鉴 2018》。

各章主要执笔人

部分	撰稿人
总论	关成华、韩晶
第一章	任璐、冯娅、田易凡
第二章	姜如玥、任璐、田易凡
第三章	冯娅、姜如玥、彭安琪
第四章	陈曦、田易凡、裴文
统稿	韩晶、陈超凡、陈曦
附录	陈超凡、高铭、孙雅雯